연관규칙
및 빈발항목
집합분석

Bigdata Intelligence

연관규칙
및 빈발항목
집합분석

이원석 지음

○ **카오스북**
CHAOS BOOK

연관규칙
및 빈발항목
집합분석

펴낸날	2015년 5월 20일 초판 1쇄
지은이	이원석
펴낸이	오성준
펴낸곳	카오스북
주소	서울시 서대문구 연희로 77-12, 505호(연희동, 영화빌딩)
출판등록	제25100-2015-000037호
전화	031-949-2765
팩스	031-949-2766
홈페이지	www.chaosbook.co.kr
편집	디자인 콤마
정가	9,000원
ISBN	978-89-98338-80-0 93000

- 이 책은 저자와 카오스북의 독점계약에 의해 발행된 책으로 저작권법에 의해 보호를 받는 저작물입니다.
- 어떠한 형태의 무단 전재와 복제를 금하며 위반 시 법에 의한 처벌을 받을 수 있습니다.

머리글

이 책에서는 방대한 양의 데이터에 숨겨진 유용한 지식을 데이터베이스 기술을 활용하여 탐사하는 대표적인 데이터 마이닝 방법인 빈발패턴 및 연관규칙 탐사 기법을 초보자가 이해하기 쉽게 소개하고 R 분석 툴에서 데이터를 활용한 예제 데이터 마이닝 분석 과정을 따라 하기 방식으로 습득할 수 있다.

빈발패턴은 주어진 데이터 셋에서 빈발하게 발생하는 패턴을 찾아내는 기법이고 연관규칙은 빈발패턴들 간의 연관성을 규칙으로 찾아내는 기법이다. 빈발패턴과 연관규칙은 방대한 양의 빅데이터에 있는 개별 데이터 항목들 간의 반복적인 매칭 작업을 통해 데이터베이스에 숨겨진 유용한 패턴을 찾아내는 기술이다. 따라서 기존의 통계적 데이터 마이닝이나 기계학습 데이터 마이닝에서 요구되는 특정한 형태의 수학적 수식이나 학습 모델을 사용하지 않는다. 또한 기존의 데이터 마이닝 기법들은 해당 기법에서 사용하는 모델의 학습을 위한 학습용 데이터 셋이 필수적으로 필요하다. 반면에 이 책에서 소개되는 빈발패턴이나 연관규칙 방법은 학습용 데이터

없이 주어진 데이터 셋에 있는 유용한 지식을 함축된 패턴으로 묘사하는 데이터 마이닝 기법이다.

이러한 이유로 빈발패턴이나 연관규칙 탐사 기법이 상대적으로 단순하여 이해하기 쉬운 한편 실제 분석 과정에 적용할 때 지식 탐사 기능을 적절히 활용하지 못하는 경우가 많다. 이 책에서는 이 두 가지 기법에 특화된 적절한 전처리 과정과 찾아진 패턴들을 해석하는 데 필요한 노하우를 예제 지식 탐사 과정을 통해 쉽게 이해할 수 있도록 설명한다.

2015년 4월

이원석

차례

연관규칙 및 빈발 항목집합 분석

제 1 장

연관규칙 탐사 개요

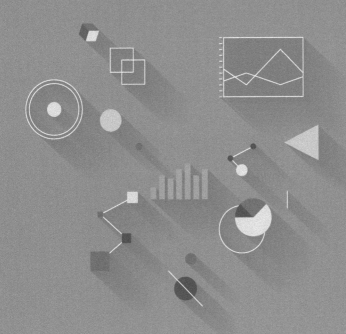

타겟 마케팅은 하나의 시장을 여러 개의 요소로 세분화하여 마케팅 전략을 집중하는 방식으로서 제품과 서비스에 관한 각종 정책들을 보다 명확하게 만들어 주며 비용 또한 효율적으로 운용할 수 있게 되는 장점이 있다. 이러한 타겟 마케팅을 적용하기 위해서는 고객의 성향을 파악할 필요가 있는데, 고객의 성향이란 결국 "특정 제품 또는 제품군을 얼마나 자주 구매 하였는가"에 달려 있다고 할 수 있다.

이렇게 자주 발생한 항목들을 데이터 마이닝 분야에서는 빈발 항목집합(frequent itemset)이라고 한다. 이러한 빈발 항목집합들 간의 '패턴'을 표현한 것을 연관규칙(association rule)이라고 하고, 빈발 항목집합들 간의 발생 '순서'를 표현한 것을 순차 패턴(sequential pattern)이라고 한다. 예를 들어 A 마트에서 판매하는 상품들의 종류가 100가지 정도 된다고 할 때, 이들 중에서 빈발하게 판매되는 상품은 '식빵'과 '우유'라고 하자(이때 그저 "자주 판매된다"는 것이 다소 애매하게 느껴지겠지만, 실제로는 어느 정도의 수치일 때를 '자주'라고 간주하는지에 대한 특정한 기준들이 있으며 이러한 기준을 누가 어떻게 정하는지는 뒤에서 다시 설명한다). 이렇게 '식빵'과 '우유'가 판매되었을 때 각 성향(패턴)의 개념은 다음과 같이 생각해 볼 수 있다.

1) **빈발 항목집합의 개념**: 식빵과 우유가 동시에 자주 팔렸다.
2) **연관규칙의 개념**: 식빵이 많이 팔렸을 때 우유가 자주 팔렸다.
3) **순차 패턴의 개념**: 식빵이 많이 팔린 뒤에 우유가 자주 팔렸다.

얼핏 이 세 가지 개념들이 거의 유사하게 느껴질 수도 있겠지만, 빈발 항목집합은 동시 발생 그 자체를 의미하는 것이고, 연관규칙은 항목들 간의 인과관계, 즉 연관성에 초점을 둔 것이다. 그리고 순차 패턴은 시간적 관계를 추가적으로 고려한 것이다. 물론 세 가지 모두 주어진 데이터로부터 어떠한 규칙성을 발견하려는 의도가 있는 것이지만 이 세 가지 종류의 패턴들을 찾아내는 기술들에는 세부적으로 적지 않은 차이가 있다.

이 장에서는 이러한 패턴들 중 빈발 항목집합과 연관규칙에 대해 소개하고 R을 이용하여 연관규칙 분석을 수행하는 방법에 대해 설명할 것이다. 발생한 항목들 간의 연관성을 발견하는 것은 "왜 그러한 구매가 발생하였는가"를 판단해 볼 수 있는 가장 기본적이고 효과적인 접근이다.

연관규칙 탐사

연관규칙 탐사의 가장 흔한 예로 드는 것이 장바구니(market basket) 분석이다. 이는 고객이 구매하는 장바구니에 들어있는 품목들 간의 연관성을 발견하겠다는 것이다. 장바구니에 들어있는 품목들의 연관성은 굉장히 다양할 수 있고, 진열된 품목의 종류가 많을수록 찾아야 되는(또는 찾을 수 있는) 연관성의 가짓수는 더욱 많아질 것이다.

'식빵'을 사는 고객들 대부분이 '우유'를 함께 구매했다는 연관성은 {식빵} → {우유}와 같이 표현한다. 마찬가지로, '연필'을 사는 고객들 대부분이 '지우개'를 같이 구매한 것은 {연필} → {지우개}라고 표현한다. 화살표의 좌측에 위치한 항목들이 일종의 조건이며, 화살표 우측에 나타나는 항목들은 그에 따른 결과가 되는 것이다.

연관규칙 탐사에서 중요한 것은 의외성과 유의미성이다. 예를 들어, B마트에서 '기저귀'를 사는 고객들이 대부분 '맥주'도 함께 구매한다고 생각해 보자. 얼핏 생각할 때 기저귀와 맥주는 어울릴 만한 조합이라고 보기 어렵다. 아마 이 마트의 직원들도 기저귀와 맥주가 같이 잘 팔리고 있다는 사실을 눈치채지 못하고 있었을 것이다. 이것이 의외성이다.

그렇다면 왜 기저귀와 맥주가 같이 잘 팔릴까? 여러 가지 추가적인 방법들을 동원해서 그 이유를 찾을 수도 있겠지만, 간단히 생각해 보면 아기가 있는 젊은 부부가 아기를 위해서 기저귀를 사고, 아기를 재우고 난 뒤에 TV를 보면서 가볍게 맥주를 마시기 위해서라고 짐작해 볼 수 있다. 따라서 이제 B 마트는 맥주 근처에 기저귀를 비롯한 각종 유아용품들을 배치해서 매출을 더 증대시킬 수 있을 것이다. 이와 같이 납득할 수 있을 만한 의미가 내포되는 규칙인가 아닌가가 분석 결과의 품질을 좌우하게 된다.

다시 말해, 연관규칙은 상식적이고 이미 잘 알려진 규칙이 아니라 숨겨진 규칙을 새롭게 찾아낼 때 그 효용성이 있다. "연필을 구매한 고객 100명 중 95명이 지우개를 함께 구매했다"는 규칙을 생각해 보면, 무려 95%의 고객들이 {연필} → {지우개}라는 규칙을 만족했지만 그다지 놀랍거나 새로운 사실은 아니다. 왜냐하면 이 세상 대부분의 사람들은 연필을 사용해서 필기를 하다가 틀린 것을 고치기 위해서 지우개를 사용할 것이기 때문이다. 결국 이 규칙은 너무나 자명한 규칙이기 때문에 마케팅에 활용할 만한 가치가 없다.

반면에 위에서 예로 들었던 {기저귀} → {맥주}의 경우, 상식적으로 {기저귀} → {분유} 또는 {소주} → {맥주}보다는 훨씬 의외성이 높은 새로운 규칙이라고 할 수 있다. 이렇게 새로운 규칙은 설령 만족하는 고객의 비율이 높지 않아도 타겟 마케팅이나 추가적인 상세 분석에 활용할 가치가 있는 것이다.

표 1에서는 연관규칙 탐사의 대상이 되는 장바구니 데이터를 보여 주고 있다. 표에 나타나고 있는 1개의 행(row)은 한 고객이 한꺼번에 구매한 내역을 나타낸 것이다. 이렇게 동등한 의미를 지닌 항목들의 집합을 트랜잭션(transaction)이라고 한다. 이때 트랜잭션 내에 존재하는 항목들은 중복되지 않는 것으로 본다. 즉 한꺼번에 구매했다면 한 종류의 상품을 아무리 여러 개 선택했더라도 1회만 구매한 것이라고 보는 것이다. 이 그림에서는 총 5회의 구매 내역을 5개의 트랜잭션으로 나타냈다. 이 데이터로부터 발견될 수 있는 연관규칙은 {기저귀} → {맥주}뿐만 아니라 {맥주, 식빵} → {우유} 등과 같이 다양하다.

표 1 장바구니 트랜잭션

트랜잭션 ID	발생 항목들 (구입한 품목들)
1	식빵, 우유
2	식빵, 기저귀, 맥주, 계란
3	우유, 맥주, 기저귀, 스낵
4	식빵, 우유, 기저귀, 맥주
5	식빵, 우유, 스낵, 기저귀

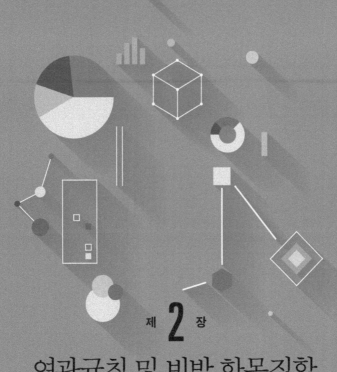

제 **2** 장

연관규칙 및 빈발 항목집합
탐사 적용 사례

한국관광공사는 2008년도에 관광공사 웹사이트(http://
www.visitkorea.or.kr)의 콘텐츠 정보와 사용자 웹로그를 대
상으로 2차에 걸쳐 데이터 마이닝 파일롯 프로젝트를 시행
하였다.

표 2 한국관광공사 사이트 사용자 웹 로그 데이터

차수	분석 데이터 발생 시기	분석 대상 데이터	
		콘텐츠 건수	웹로그 건수
1차	2008.03.07. ~ 2008.08.06.	392,575	22,594,375
2차	2008.11.01. ~ 2008.11.30.	449,259	2,574,783

통계적 분석과 함께 빈발 패턴, 연관규칙 등을 주요 데이
터 마이닝 분석 기법으로 콘텐츠 활용도, 사용자에 의한 콘
텐츠 검색 연관성 등을 분석하였다. 이 절에서는 빈발 항목
집합 분석기법을 적용하여 도출한 결과를 소개하고자 한다.

1) 사용자 연령대별·성별 빈발 검색 콘텐츠 분석

❶ 주요 분석 결과

표 3에서 보듯이 연령대·성별로 검색빈도가 높은 콘텐츠에 차이가 많았다. 20대 여성의 경우, 풍수원 성당이 눈에 띄는데 지상파 멜로 드라마의 촬영지로 유명세를 탄 곳이다. 풍수원 성당과 안흥찐빵 마을의 동시 검색 원인은 지리적 인접성에 기인한 것으로 보인다. 20대 남성의 경우, 영주 2008 풍기인삼축제가 눈에 띈다. 20대 남성과 인삼축제가 선뜻 관련성이 적은 것으로 보이지만 풍기인삼축제의 프로그램 내용을 보면 족구대회, 마라톤대회, 테니스대회, 밴드데이, 비보이 댄스팀 공연 등 청년층을 겨냥한 다양한 이벤트들이 마련되어

표 3 사용자 연령대별·성별 빈발 검색 콘텐츠 분석 결과
(한국관광공사, 2008)

순위	20대 여성	20대 남성	50대
1	**풍수원성당**	운문산 자연휴양림	내장산국립공원
2	안흥찐빵 마을	나정해수욕장	소쇄원
3	용소막성당	**영주 2008 풍기인삼축제**	뉴로스모텔
4	풍수원성당, 안흥찐빵 마을	문경 기능성온천	백운계곡관광지
5	정선 아우라지 레일바이크	월드관광호텔	**욕쟁이할머니집 (동백식당)**
6	대명리조트 단양 아쿠아월드	문경도예촌, 영동 와인체험	백운관, 길상식당

연관규칙 및 빈발 항목집합 분석

있었다. 50대 연령층에서는 욕쟁이할머니집(동백식당)이 눈에 띄는데 남녀를 불문하고 50대 장년층의 향수를 자극하기에 충분한 곳이다.

❷ 시사점

당시 관광공사사이트는 콘텐츠 검색 사용자의 특성에 따라 차별화된 콘텐츠 웹페이지를 제공하지 않았다. 분석 결과에서 보듯이 성별이나 연령대에 따라 사용자의 선호 콘텐츠가 다를 수 있기 때문에 로그인 사용자의 특성을 파악하여 사용자 맞춤형으로 콘텐츠를 제공한다면 콘텐츠의 활용성을 훨씬 더 높일 수 있을 것이다. 사용자 특성에는 성별, 연령대 이외에 거주지역, 직업 등 다양한 요소를 고려할 수 있다. 또한 맞춤형 콘텐츠 제공의 방법으로 주요 페이지 노출 콘텐츠의 차별화, 선호 콘텐츠를 이용한 관광 이벤트의 개발 등이 있다.

2) 외국인의 서울 지역 관광 콘텐츠 활용도 분석

❶ 주요 분석 결과

한국관광공사 사이트는 다국어 서비스를 실시한다. 외국어 중 영어, 중국어, 일본어를 선택하여 빈발 검색어를 분석하였다.

표 4에서 알 수 있듯이 영어, 중국어, 일본어 모두 명동, 경복궁, 덕수궁, 창경궁, 인사동 등 결과에 수긍이 갈 만한 유명 관광지들이다. 그런데 분석 결과에서 재미있는 사실을 발

견할 수 있다. 중국어에 대한 분석 결과를 보면, [樂天世界]가
있다. 롯데월드를 가리키는 말이다.

표 4 외국인의 서울 지역 관광 콘텐츠 빈발 검색어 분석 결과

순위	영어	중국어	일본어
1	Deoksugung Palace, Gyeongbokgung Palace, Changdeokgung Palace and Huwon	明洞, 景福宮, 仁寺洞	德壽宮, 昌德宮と後苑, 景福宮
2	Myeong-dong, Gyeongbokgung Palace, Insa-dong	景福宮, 昌德宮, 德壽宮,	明洞(ミョンドン), 景福宮, 仁寺洞(インサドン)
3	Deoksugung Palace, Gyeongbokgung Palace, Insa-dong	樂天世界, 明洞, 仁寺洞	昌德宮と後苑, 景福宮, 仁寺洞(インサドン)
4	Gyeongbokgung Palace, Changdeokgung Palace and Huwon, Insa-dong	明洞, 景福宮, 德壽宮	德壽宮, 景福宮, 仁寺洞(インサドン)
5	Myeong-dong, Deoksugung Palace, Gyeongbokgung Palace	樂天世界, 明洞, 景福宮	明洞(ミョンドン), 昌德宮と後苑, 景福宮

테마파크가 상대적으로 발달하지 못한 중국의 상황을 감
안하더라도 롯데월드가 다른 빈발 검색 관광지와는 성격도
다르고 거리도 상대적으로 많이 떨어져 있어서 명동, 경복궁,
인사동 등과 어깨를 나란히 하며 서울의 대표 관광명소로 자
리매김한 것은 선뜻 이해가 되지 않는다. 그러나 이러한 결과
의 원인은 외국어 메인 페이지에서 찾을 수 있었다.

연관규칙 및 빈발 항목집합 분석

그림 1 한국관광공사 사이트 외국어 메인 페이지 상의 지도
(2008년 기준)

그림 1에서 보듯이, 롯데월드는 외국어 메인 페이지 영어 중국어 일본어 지도상에 추천 관광명소로 각각 제시되어 있다. 영어 일본어에서 나타나지 않은 것은 디즈니랜드 유니버셜 스튜디오 등 자국 테마파크가 발달한 나라이기 때문에 상대적 관심도가 떨어진 것으로 보인다.

❷ 시사점

한국의 사정에 어두울 수 밖에 없는 외국인의 경우, 한국 관광공사 사이트와 같은 공신력 있는 사이트에서 관광정보를 많이 찾으려고 할 것이다. 물론, 관광공사도 이러한 외국인들을 위해서 많은 관광정보를 다양한 외국어로 서비스하고 있다. 검색어 분석 결과를 보면 상위에 올라온 관광지 모두가 외국어 메인 페이지의 지도 상에 적시되어 있는 곳이다. 물론, 대부분이 원래 명소로서 꼽히는 곳이라 특별할 것이 없어 보이지만 롯데월드 같이 다소 특이한 결과가 나온 것은 상당부분 메인 페이지에 노출시킨 지도의 영향으로 보아야 할 것이다. 그만큼 외국인에게 있어서 메인 페이지의 관광지도의 영향은 절대적이라는 해석이 가능하다. 이러한 결과는 외국인에게 새로운 관광명소나 관광이벤트를 홍보하려고 할 때, 사이트의 메인 페이지나 메인 페이지의 관광지도가 유력한 수단이 될 수 있으며 이를 어떻게 활용해야 하는지에 대한 시사점을 던져 준다. 예를 들어, 인천 아시안게임이나 평창 동계올림픽 같은 국제적 행사에 즈음하여 외국어 메인 페이지 관광지도의 전략적 재설계 등의 작업은 매우 효과적일 수 있다.

3) 빈발 항목집합을 이용한 개인 맞춤형 이메일 폴더 추천

❶ 주요 분석 결과

하루에도 많게는 수십, 수백 통씩 받게 되는 이메일들 중 자신에게 특정한 의미가 있는 메일들을 분류하는 것은 작업의 효율성과 생활에서의 편의성을 제공하는 방편이 된다. 이때 "메일을 분류한다"는 것은 공통 주제 또는 공통 역할을 가진 메일들끼리 같은 폴더에 넣는다는 의미이다. 이 절에서는 빈발 항목집합 탐사 기법을 이용한 개인 맞춤형 이메일 폴더 추천 사례를 소개한다. 메일 폴더의 주요 내용은 다음 표 5와 같다.

　연관규칙 및 빈발 항목집합 분석

표 5 메일 폴더 정보

폴더명	폴더의 주요 컨텐츠
청구서	여러 회사에서 발송한 청구서 (휴대폰, 통신비, 신용카드)
뉴스	여러 회사에서 발송한 IT관련 뉴스레터
취업	여러 회사로부터 받은 구인 제의 메일, 취업사이트 소식지
대학교/대학원	대학교 및 대학원 동기들의 대학 생활 및 친목 도모 메일
쇼핑_개인	쇼핑몰에서 구매 후에 발송되는 확인 메일, 배송 관련 메일
회사 업무	회사 개발 업무에 관련된 메일

폴더	메일 개수	단어 수 평균	단어 수 표준편차	단어 길이 평균	단어 길이 표준편차
청구서	231	80.06	93.22	2.88	0.60
뉴스	156	239.42	173.98	2.75	0.68
취업	102	173.84	121.27	2.80	0.54
대학교/대학원	211	135.81	196.74	2.80	0.84
쇼핑_개인	247	134.38	75.05	2.64	0.65
회사 업무	166	110.21	93.23	3.07	0.93

폴더에 속해 있는 메일들을 하나의 트랜잭션으로 보고, 메일에 있는 단어들을 하나의 항목으로 하여 항목들의 집합을 정의한다. 이러한 항목 집합 중에서 빈발한 항목집합을 기준으로 폴더를 추천하는 것이다. 메일 데이터를 훈련 집합과 시험 집합으로 나누고, 훈련 집합을 기반으로 빈발 패턴을 적용한 메일 폴더의 프로파일을 생성하고, 시험 집합에 각 폴더의 프로파일을 적용한다. 그리고 가장 좋은 결과를 보여주는 폴

표 6 메일 폴더 추천 정확도

폴더	85% 유효범위 정확도	90% 유효범위 정확도	95% 유효범위 정확도
청구서	82.28	86.63	77.32
뉴스	81.37	80.73	80.73
취업	69.00	69.00	69.00
대학교/대학원	92.89	94.29	94.29
쇼핑_개인	76.83	79.70	79.70
회사 업무	87.90	89.71	90.93

더를 사용자에게 추천한다.

표 6에서 볼 수 있듯이, 동호회 활동이나 회사 업무와 같이 의미의 집중도가 높아서 응집력이 좋은 폴더는 정확도가 90% 수준으로 높았고, 의미 집중도가 낮은 메일 폴더는 69%로 낮게 나타났다.

❷ 시사점

이메일은 문서의 길이가 다양하며 사용되는 단어들이 비정규적이고 문체 또한 다양하다. 따라서 메일을 분류하는 작업은 정규화된 문서를 분류하는 작업보다 정확도가 낮다. 현재 이메일 분류에 관한 솔루션으로는 메일 클라이언트에서 사용되는 단순한 메일 규칙 필터링 정도를 생각해 볼 수 있다. 이들은 제목이나 본문에 특정 단어나 문장을 포함하면 특정 메일 폴더로 자동으로 이동시키는 규칙과 보낸 사람을 기준으로 메일을 분류시키는 기능을 주요 기능으로 제공하고 있다.

그러나 동일한 사람이 업무에 관련된 메일과 취미에 관련된 메일을 보낼 때, '카드'라는 단어를 포함한 메일이 청구서 폴더와 축하 메일 폴더 중 어떤 폴더에 분류할 것인가를 고려해보면, 메일 규칙만으로는 개인이 의도하는 바를 만족시키기에 한계가 있음을 알 수 있다. 따라서 사용자의 주관적인 분류 기준을 만족시킬 수 있는 정확도가 높은 메일 분류 기법이 필요하다.

즉, 객관적인 분류 기준이 명확한 웹 문서나 뉴스와는 다르게 주관적인 분류 기준을 가지고 있는 이메일을 대상으로 빈발 항목집합 탐사라는 데이터 마이닝 기법을 적용함으로써 개인마다 다른 분류 기준을 수용할 수 있다.

2.2
연관규칙

연관규칙 탐사의 사례로서 2.1에서 보여준 한국관광공사 사이트 분석 주제 중 연관규칙에 관련된 부분을 설명하고, 대형 마트나 온라인 쇼핑몰 등과 같은 고객(사용자)의 트랙잭션 로그에 대한 분석 사례를 제시하고자 한다.

1) 관광공사 사이트 연관 검색 콘텐츠 분석 (관광코스 개발)

❶ 주요 분석 결과

표 7은 [헤이리 문화예술마을]이라는 관광 콘텐츠를 중심으로 이와 연관되어 검색한 콘텐츠를 분석한 결과이다. 연관규칙 X → Y에 대하여 X는 기준 콘텐츠에 Y는 연관 콘텐츠에 해당한다. 기준 검색 수는 기준 콘텐츠를 검색한 횟수를 가리킨다. 그리고 신뢰도는 3.2장에서 설명하겠지만, 전체 기준 콘텐츠 검색 수 대비 기준 콘텐츠와 연관 콘텐츠의 동시 검색 수로서 사용자가 기준 콘텐츠를 볼 때 얼마의 비율로 연

표 7 관광공사사이트 연관 검색 콘텐츠 분석 사례
(헤이리 문화예술마을)

기준콘텐츠	연관콘텐츠	기준 검색수	연관 검색수
헤이리 문화예술마을	프로방스 마을	185	44 (23.8%)
헤이리 문화예술마을	유일레저타운	185	35 (18.9%)
헤이리 문화예술마을	하니랜드 HONEY LAND	185	33 (17.8%)
헤이리 문화예술마을	카트랜드 (미니자동차체험)	185	32 (17.3%)
헤이리 문화예술마을	파주 영어마을	185	20 (10.8%)
헤이리 문화예술마을, 하니랜드 HONEY LAND	프로방스 마을	33	16 (48.5%)
헤이리 문화예술마을, 하니랜드 HONEY LAND	카트랜드 (미니자동차체험)	33	14 (42.4%)
헤이리 문화예술마을, 유일레저타운	프로방스 마을	35	11 (31.4%)
헤이리 문화예술마을, 하니랜드 HONEY LAND	파주 영어마을	33	10 (30.3%)
헤이리 문화예술마을, 하니랜드 HONEY LAND	파주 금강산랜드	33	9 (27.3%)
헤이리 문화예술마을, 유일레저타운	카트랜드 (미니자동차체험)	35	9 (25.7%)

관 콘텐츠를 같이 보았느냐를 가리킨다. 예를 들어, [헤이리 문화예술마을]을 검색한 사용자의 23.8%는 [프로방스 마을]을 같이 검색해서 보았다는 것을 의미한다.

연관 콘텐츠의 특성을 살펴보면 주로 [헤이리 문화예술마을] 인근에 위치해 있으면서 가볍게 체험할 수 있는 곳으로 하루 또는 1박2일 정도의 짧은 여정에서 [헤이리 문화예술마을]과 같이 돌아볼 수 있는 곳을 찾고자 하는 사용자의 의도를 엿볼 수 있다.

❷ 시사점

　표 7과 같은 분석 결과를 바탕으로 관광코스를 개발하여 웹사이트에 당일 또는 1박2일의 추천코스로 제시하는 것은 사용자에게 매우 유용한 정보가 될 수 있다. 사용자에게 개별 관광지에 대한 정보를 제공하는 것도 중요하지만 이들 관광지를 엮어 하나의 코스로 제공하는 것은 사용자들의 여행 스케줄링에 대한 부담을 덜고 해당 관광지에 대한 관심을 고조시킬 수 있는 유력한 수단이 될 것이다. 특히, 대상이 널리 알려진 유명관광지가 아니라 다소 묻혀 있는 곳이라면 매우 신선한 콘텐츠로 다가올 것이다. 그림 2는 추천코스를 제시한 예이다. 그림 2의 추천코스는 표 7의 분석 결과를 그대로 사용하지 않고, 연관 콘텐츠의 유형을 체험, 휴양, 자연, 숙박시설로 분류하여 유형 각각에 대한 연관성을 분석하여 연관성 상위 콘텐츠를 엮은 결과이다. 이렇게 하면 사용자는 추천 1박2일 코스 동안 다양한 유형의 관광지를 골고루 경험할 수 있다는 측면에서 관광의 재미를 배가시킬 수 있을 것이다. 좀 더 적극적인 프로모션(promotion) 전략으로 이러한 추천코스를 다양한 이벤트적 요소를 가미하여 관광상품으로 개발하는 것도 가능할 것이다.

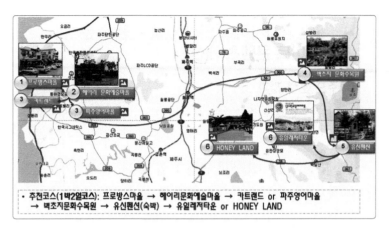

· 추천코스(1박2일코스): 프로방스마을 → 헤이리문화예술마을 → 카트랜드 or 파주영어마을
→ 벽초지문화수목원 → 유신펜션(숙박) → 유일레저타운 or HONEY LAND

그림 2　연관 검색 콘텐츠 분석 결과의 활용 예 (관광 추천코스 개발)

　　이처럼 데이터 마이닝은 수사관이 수사망을 좁혀 나가면
서 범인을 검거하듯이 분석가가 분석 목표에 맞게 데이터를
분할, 가공하여 활용해야 하므로 분석 과정에서 분석가의 판
단은 매우 중요하다. 예를 들어, 연관 콘텐츠의 유형 분류를
전혀 다른 방식으로 했다면 추천코스의 결과는 전혀 다르게
나올 수도 있다. 결국 데이터 마이닝은 정답이 있는 문제에 접
근하는 것이 아니며, 분석 결과의 유효성은 이론적으로는 검
증 가능할 수 있지만 실질적으로는 결과 활용의 효과를 통해
검증할 수 밖에 없다. 예를 들어, 추천코스를 바탕으로 개발
한 관광상품의 유효성은 사용자들의 호응도를 통해 검증하
는 것이 가장 정확하다.

2) 관광공사사이트 연관 검색 콘텐츠 분석 (사이트 콘텐츠 개선)

❶ 주요 분석 결과

한국관광공사 웹로그를 분석한 2008년 당시 KBS 인기 예능프로그램인 '해피선데이—1박2일'에서 [너와마을] 편이 방송된 적이 있다(2008년 10월 12일 방송). 워낙 인기가 높은 프로그램이라 관광공사에서도 이에 맞추어 이벤트성 관광상품을 내놓았다. 그림 3은 당시 내놓은 관광상품의 내용이다. 방송의 영향력이 얼마나 대단한가는 웹로그를 통해서도 쉽게 입증되었다.

그림 3 KBS 예능프로그램과 연관하여 출시한
[너와마을] 관광이벤트 상품 내용 (2008년)

연관규칙 및 빈발 항목집합 분석

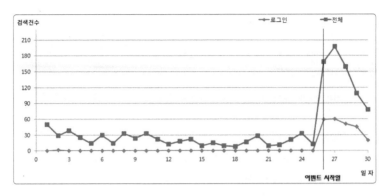

**그림 4 [너와마을] 2008년 11월 조회 통계
(TV방영: 10/12, 이벤트: 11/26~12/10)**

그림 4는 [너와마을]에 대한 2008년 11월 조회 통계이다. 그림 4를 통해서도 볼 수 있듯이 [너와마을]에 대한 사용자 검색은 이벤트 시작일을 전후로 폭발적인 증가세를 보였다. 관광공사로서는 방송을 제대로 활용한 성공적인 관광 이벤트를 한 것으로 보인다.

표 8에서 제시한 연관 검색 콘텐츠 분석 결과를 보면 재미있는 사실을 알 수 있다. 표 8-(a)는 연관 검색 콘텐츠 분석 결과이고 표 8-(b)는 웹사이트에서 [너와마을]을 검색했을 때 같이 노출되는 주변 관광지 정보이다. 분석 결과를 보면 연관 콘텐츠와 주변관광지가 별다른 상관관계가 없는 반면, 연관 콘텐츠와 이벤트 관광상품 속 관광지는 매우 유사함을 알 수 있다.

표 8-(a) 너와마을에 대한 연관성 분석 결과

기준콘텐츠	연관콘텐츠	기준 검색수	연관 검색수
너와마을 (녹색관광마을)	추암 해수욕장	107	101 (94.39%)
너와마을 (녹색관광마을)	천곡천연동굴	107	101 (94.39%)
너와마을 (녹색관광마을)	죽서루	107	101 (94.39%)
너와마을 (녹색관광마을)	묵호 등대	107	100 (93.46%)
너와마을 (녹색관광마을), (천곡천연동굴)	죽서루	101	100 (99.01%)
너와마을 (녹색관광마을), (천곡천연동굴)	묵호 등대	101	99 (98.02%)
너와마을 (녹색관광마을), (천곡천연동굴)	삼척 해신당공원	101	99 (98.02%)
너와마을 (녹색관광마을), (묵호 등대)	추암 해수욕장	100	99 (99.00%)
너와마을 (녹색관광마을), (묵호 등대)	죽서루	100	98 (98.00%)
너와마을 (녹색관광마을), (묵호 등대)	삼척 해신당공원	100	(99.00%)

표 8-(b) 너와마을 검색 시 같이 노출되는 주변 관광지 정보

이름	유형	조회
동활계곡	계곡	4598
신리민속마을	민속마을	2836
삼척 풍곡리 솔계수마을	농산·어촌 체험	764
덕풍계곡	계곡	18597

연관규칙 및 빈발 항목집합 분석

❷ 시사점

만약, 콘텐츠 연관성 분석을 주기적으로 하고 이에 대한 결과를 바탕으로 주변관광지 정보를 업데이트한다면 사용자들이 실제로 연관하여 검색한 결과가 고스란히 콘텐츠에 노출될 수 있어 콘텐츠의 활용도가 훨씬 높아질 것이다. 이는 데이터를 기반으로 콘텐츠의 품질 향상을 꾀할 수 있는 좋은 예가 될 것이다. 표 8의 분석 결과를 보면, 관광공사에서 제공하는 콘텐츠에 대한 주변 관광지 정보는 별 활용성이 없는 내용이라고 판단할 수 있다. 활용성이 뛰어난 콘텐츠를 양질의 콘텐츠라고 한다면 적어도 주변관광지 정보는 내용적인 품질이 우수하다라고 볼 수 없는 것이다.

3) 온라인 쇼핑몰 고객 트랜잭션 분석

연관규칙 탐사의 적용은 대형 마트, 온라인 쇼핑몰 등과 같이 고객(사용자)의 트랜잭션 로그가 발생하는 모든 종류의 소매 분야에 가능하다. 일반적으로 소매 데이터는 다음과 같은 데이터 필드들을 포함하고 있다고 볼 수 있다.

필드명	구매일시	고객명	고객 ID	구매상품 코드	구매 상품명	구매 수량
예)	2014년 11월 30일 오후 9시 45분 27초	홍길동	A001	CLTH1234	Z사 반팔 티셔츠 (L/청색)	2

당연히 각 상점마다 저장 및 관리하는 데이터 필드는 조금씩 다르겠지만, 적어도 위와 같이 구매일시, 상품명 등의 데이터가 누락되어서는 안 된다. 이 원천 데이터로부터 연관규칙을 찾기 위해서는 연관규칙 탐사를 수행할 수 있는 형태의 데이터 처리가 필요하다. 이는 동시간대에 한 고객이 구매한 상품들을 하나의 단위로 묶음으로써 해결된다. 즉, 오프라인 소매점이라면 고객의 영수증에 함께 기재되어 있는 상품들의 목록이 1개의 튜플(tuple)로 나열되는 것이고, 온라인 쇼핑몰이라면 고객이 주문을 클릭하였을 때 담겨 있는 상품들이 하나로 취급되는 것이다. 이것이 앞서 설명한 트랜잭션이다.

그림 5는 온라인 쇼핑몰의 실제 원천 데이터를 나타낸 것

```
10800    kimcih   uni_00006
10800    kimcih   uni_00006
1263551603      kimcih   uni_00006
1263552019      kimcih   uni_00006
1263554079      kimcih   uni_00006
1263554457      kimcih   uni_00006
1263555516      kimcih   uni_00006
1263556527      kimcih   uni_00006
1263811662      kimcih   uni_00006
1263812357      kimcih   uni_00006
1263813532      kimcih   uni_00006
1263814458      kimcih   uni_00006
1263815153      kimcih   uni_00006
1263816630      kimcih   uni_00006
1263829867      topdoggy        uni_00007
1263966765      topdoggy        uni_00012
```

그림 5 온라인 쇼핑몰 원천 데이터

연관규칙 및 빈발 항목집합 분석

```
$`1325376375`
[1] bsn_00002 stx_00001
667 Levels:  abb_00001 ac_00001 anab_00001 anc_00001 ast_00001 ... xtr_00001

$`1325376792`
[1] bsn_00002 uni_00020 uni_00027
667 Levels:  abb_00001 ac_00001 anab_00001 anc_00001 ast_00001 ... xtr_00001

$`1325376827`
[1] bsn_00002 bsn_00002
667 Levels:  abb_00001 ac_00001 anab_00001 anc_00001 ast_00001 ... xtr_00001

$`1325377101`
[1] bsn_00002 sn_00013
667 Levels:  abb_00001 ac_00001 anab_00001 anc_00001 ast_00001 ... xtr_00001

$`1325378153`
[1] usp_00001 usp_00007
667 Levels:  abb_00001 ac_00001 anab_00001 anc_00001 ast_00001 ... xtr_00001

$`1325379002`
[1] bsn_00002
667 Levels:  abb_00001 ac_00001 anab_00001 anc_00001 ast_00001 ... xtr_00001

$`1325379145`
[1] bsn_00007 bsn_00018 iam_00001 va_00033
667 Levels:  abb_00001 ac_00001 anab_00001 anc_00001 ast_00001 ... xtr_00001
```

그림 6 온라인 쇼핑몰 트랜잭션 로그

이며, 그림 6은 이 데이터를 트랜잭션 로그로 변환한 것이다.
각 트랜잭션에서 발생한 항목들은 상품코드들이며, 이들로부
터 찾을 수 있는 연관규칙은 각 상품코드들 간의 인과 관계가
된다. 결과적으로 이러한 분석을 통해서 다음과 같은 관리자
측면의 질의에 대한 해답을 제공해 줄 수 있게 된다.

- 평일과 주말의 매출의 차이점 및 특이한 사항은 무
  엇인가?
- 주요 판매 브랜드의 선호도는 어떠한가?
- 평일과 주말의 매출 추이는 어떻게 다른가?

- 특정 품목에 대한 고객 그룹별 특이사항은 어떤 것이 있는가?
- 정상가 또는 가격인하 등과 같이 판매 형태별 매출 점유율 및 구매 행태 변화는 어떠한가?
- 가격인하를 통해 고단가 상품의 판매 증가량을 어느 정도로 예상할 수 있는가?
- 각 판매 수량과 매출 추이를 통해 미래의 매출 성장률은 어느 정도로 예상할 수 있는가?

이 절에서는 여성의류 전문 온라인 쇼핑몰 S사에서의 매출 증대를 위한 고객 분석 및 마케팅 전략 수립 사례를 소개하도록 한다. 핵심은 "누구를 대상으로 어떠한 마케팅을 실시할 것인가"와 "실시한 마케팅의 효과를 어떻게 검증할 것인가"에 있다.

❶ 마케팅 대상 고객의 선정

온라인 쇼핑몰 S사의 판로는 자사 몰과 입점 몰[1]이 있었다. 고객의 관점에서는 자사 몰만 이용하는 고객, 입점 몰만 이용하는 고객, 두 가지 몰을 동시에 이용하는 고객의 세 가지 분류가 가능하다. 마케팅 대상 고객 선정을 위하여 S사에 주문실적이 있는 45만여 명의 고객을 대상으로 세가지 고객

---

[1] 온라인 상에서 여러 브랜드의 상품을 취급하는 일종의 온라인 백화점. 우리나라에서는 G-Market, 옥션, 11번가 등이 있음.

연관규칙 및 빈발 항목집합 분석

분류별 충성도[2](주문 횟수, 주문 아이템 수, 주문 금액)를 비교하였다. 표 9는 그 결과이다.

표 9에서 보듯이, 입점 몰만 이용한 고객보다는 자사 몰을 이용한 고객의 충성도가 훨씬 더 높았다. 결국 마케팅 대상 고객은 아직 자사 몰의 존재를 모르고 있는 입점 몰만 이용한 고객 중에 충성도가 높은 고객으로 선정하는 것이 효과적일 것이다. 이에 따라 마케팅 대상 고객 규모를 1만명 수준으로 설정하고 표 10과 같이 마케팅 대상 고객 기준을 설정하였다. 기준으로는 주문 횟수, 주문 금액, 그리고 주문의 시간성(최신성)을 고려하였고 해당 기준에 부합하는 총 9,381명의 고객이 마케팅 대상으로 선정되었다.

표 9 고객 분류 별 충성도(주문 횟수, 주문 아이템 수, 주문 금액) 비교

항목		입점몰만	자사만	동시	계
고객수		444,650	11,257	1,393	457,300
고객당 주문횟수	평균	1.22	1.29	3.25	1.23
	표준편차	0.85	0.97	2.6	0.87
주문당 아이템수	평균	2.15	4.14	4.08	2.22
	표준편차	1.67	3.64	3.50	1.81
고객당 총주문 금액		22,608	50,996	229,442	23,937
주문당 주문금액		17,752	32,368	71,553	19,460

2   고객 충성도는 "고객이 얼마나 빈번하게 얼마나 많은 금액을 주문하였는가"를 측정한 것으로 여기서는 주문 횟수, 주문 아이템 수, 주문 금액을 충성도 항목으로 설정하였음.

❷ 마케팅 전략

선정된 고객을 대상으로 한 마케팅으로 회원 가입 이벤트와 DM(Direct Mail) 발송을 제시하였다. 회원 가입 이벤트의 경우 가입 시 마일리지 및 쿠폰 등의 혜택을 부여하며, DM 발송을 통해서는 추천 아이템과 회원 가입 이벤트를 홍보하였다.

추천 아이템 선정을 위하여 다음과 같은 조건을 설정하고 연관성 분석을 통하여 총 67종의 아이템들 중 구입 빈도가 높은 아이템 및 특정 구입 아이템과 구입 연관성이 높은 아이템으로 셔츠, 원피스, 코트, 티, 후드의 5종을 선택하였다. 구매 아이템이 의류이기 때문에 마케팅 실시 시기가 겨울이라는 계절적 요인을 감안하여 11월과 12월의 주문 데이터만을 대상으로 분석을 실시하였다.

❸ 데이터 분석 기반 마케팅 효과 검증

이렇게 실시한 마케팅이 효과가 있다는 것을 검증하기 위한 프로세스도 다음과 같이 제시하였다.

표 10   마케팅 대상 고객 기준과 고객 수

마케팅 대상 고객	
고객 수	9,381명
특성	입점몰에만 주문실적이 있고 주소정보가 있는 내국인으로 주문 횟수 2회 이상, 주문금액 9,000원 이상, 그리고 입점몰 최초거래일이 2009.10.29 기준 11개월 내에 들어온 고객

a) 선정된 마케팅 대상 고객 (Group A) 9,381명에게 DM 발송

b) 입점 몰만 이용한 고객이지만 Group A에 선정되지 못한 고객 중 무작위로 9,381명 (Group B) 추출하여 DM 발송

c) DM 발송 한 달 후(또는 이벤트 기간 후) 각 그룹에 속한 고객의 매출현황과 자사 몰의 가입률 분석 비교

d) Group A가 Group B에 비해 현저히 뛰어난 매출 또는 자사 몰의 가입률을 보인다면 데이터 분석 기반 마케팅 효과가 입증됨

데이터 분석 프로젝트가 파일롯 형태로 진행되었기 때문에 마케팅 전략과 검증 프로세스를 제시한 것으로 실제 마케팅의 최종 결과를 리포트할 수는 없으나, 기존 고객 분류별 매출 실적을 바탕으로 마케팅에 의한 매출 상승 기대효과를 표 11과 같이 제시하였다.

표 11에서는 마케팅 대상 고객 9,381명 중 일부가 자사 몰에 가입하여 입점 몰과 자사 몰 동시 이용 고객이 되었을 때의 매출 기대효과를 제시하고 있다. 예를 들어, 마케팅에 의해 동시 고객이 396명에서 2,293명으로 늘어났을 때 매출 상승액은 2억 5천여만 원 정도로 약 5%의 매출 상승효과를 기대할 수 있다.

표 11 마케팅에 의한 매출 상승 기대효과

동시 고객수	동시 고객비율	최종매출액 (예상)	상승매출액 (예상)	매출액 상승률(예상)
396(현재)	0.21%	5,023,898,934	0	0%
1,541	0.82%	5,174,615,902	150,716,968	3%
2,293	1.22%	5,275,093,881	251,194,947	5%
4,210	2.24%	5,526,288,827	502,389,893	10%
6,109	3.25%	5,777,483,774	753,584,840	15%
8,007	4.26%	6,028,678,721	1,004,779,787	20%

연관규칙 및 빈발 항목집합 분석

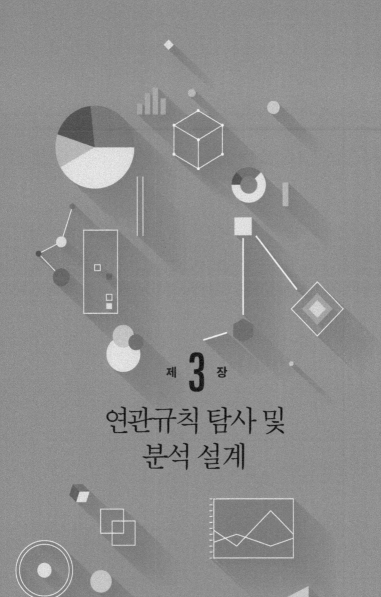

제 **3** 장

연관규칙 탐사 및
분석 설계

전처리 과정

올바른 분석 작업 결과를 보장하기 위해서 가장 기본이 되는 것은 분석 대상이 되는 데이터 품질의 정확성이다. 그러나 현실에서의 데이터는 대개 오류데이터가 포함되어 있다. 즉, 어떤 식으로든 최초 데이터 입력 과정에서 누락 또는 잘못 처리되는 부분들이 반드시 일부 존재한다는 것이다. 따라서 데이터 전처리(preprocessing)를 통해서 이러한 문제를 제거함으로써 최대한 데이터의 정확성을 향상시키는 작업이 필요하다.

데이터 전처리의 가장 대표적인 방식은 데이터 정제(cleansing)라는 과정이다. 이는 결측치(missing value)를 보완하는 것으로, 결측치는 일반적으로 다음의 방법들과 같이 처리할 수 있다.

- 해당 튜플을 무시한다.
- 수작업으로 결손된 부분을 채워 넣는다.
- 특정한 값으로 결손된 부분에 일괄 적용한다.

표 12 결측치가 존재하는 구매 데이터

구매일시	고객명	고객ID	구매상품 코드	구매 상품명	구매 수량
2014년 11월 30일 오후 9시 45분 27초	홍길동	A001	CLTH1234	Z사 반팔 티셔츠 (L/청색)	2
2014년 11월 30일 오후 9시 45분 27초	홍길동	A001	CLTH0275	Y사 청바지 (L)	1
2014년 11월 30일 오후 9시 45분 27초	홍길동	A001	CLTH6080		

앞에서 설명한 온라인 쇼핑몰 데이터의 경우를 보자. 표 12와 같이 1명의 고객이 3종의 상품을 동시에 구매하였는데 3번째 항목인 CLTH6080의 경우는 상품명과 수량이 누락되어 있다.

판매자는 상품코드를 보고 상품명을 확인할 수 있고 재고 상태를 확인해 보면 그 상품이 그 시각에 몇 개나 판매되었는지 알 수 있기 때문에, 이런 경우에는 수작업으로 결손된 상품명과 수량을 채워 넣는 것이 가능하다. 이렇듯 누락된 필드가 무엇이냐에 따라 정제 과정은 달라지게 된다.

그런데 연관규칙 탐사의 경우는 이러한 정제 과정에 크게 영향을 주지 않는다. 연관규칙 탐사를 위한 데이터는 트랜잭션 형태로 존재해야 하며, 하나의 트랜잭션 내에 들어가 있는 항목들은 동일한 의미적 표현성을 지니고 있어야 한다. 다시 말하면, 트랜잭션이 { 홍길동, A001, CLTH1234 }와 같이 구성되는 것은 아무런 의미가 없다(엄밀히 말해서, 애초에 트랜

표 13 원천 데이터의 가공

구매일시	고객명	고객ID	구매상품코드	구매상품명	구매수량
2014년 11월 30일 오후 9시 45분 27초	홍길동	A001	CLTH1234	Z사 반팔 티셔츠 (L/청색)	2
2014년 11월 30일 오후 9시 45분 27초	홍길동	A001	CLTH0275	Y사 청바지 (L)	1
2014년 11월 30일 오후 9시 45분 27초	홍길동	A001	CLTH6080	(결손 무관)	

{ CLTH1234, CLTH0275, CLTH6080 }

잭션의 정의(definition)를 만족시키지 못 한다).

따라서 구매 데이터에서 동일한 의미를 지니는 '상품'들을 하나의 트랜잭션으로 구성해야 한다.

표 12에서 볼 수 있듯이 '상품'은 원천 데이터의 여러 필드들 중 단 1개의 필드로서, 다른 필드들에 대해서 고려할 필요 없이 동일한 구매 일시, 동일한 고객에 대한 구매 상품코드들을 아래로 훑어 내려 오면서 1개의 튜플로 만드는 것이다. 따라서 연관규칙 탐사에서 필요한 데이터 전처리의 기본은 데이터 가공(manipulation)이다.

표 13에서 이 과정을 간단하게 보여주고 있다. 원천 데이터의 가공을 통해 연관규칙 탐사에 적합한 1개의 트랜잭션 { CLTH1234, CLTH0275, CLTH6080 }이 생성되었음을 알 수 있다. 이 트랜잭션의 맨 앞 위치에는 유일한 ID를 삽입하

여 각각의 트랜잭션을 구분할 수 있도록 한다. 일반적으로 트랜잭션 ID는 구매가 발생한 시각을 특정 형태로 가공하여 부여한다. 예를 들어 표 13에서 생성된 트랜잭션의 구매 발생 시각은 2014년 11월 30일 오후 9시 45분 27초로서, 이 숫자들을 연결하여 20141130214527와 같이 표현하거나 또는 일반적으로 양의 정수를 이용하여 순서대로 1, 2, 3, …과 같이 넘버링하기도 한다.

연관규칙 탐사의 선택 변수

연관규칙 분석 결과의 유의미성을 판단하기 위해서 항목들 간의 연관 관계를 정량화하여 보여줄 수 있는 지표가 3가지 존재한다.

1) support(지지도): 항목 A와 항목 B가 동시에 일어날 확률이다. 즉, 지지도는 두 품목의 구매가 얼마나 자주 일어났는가를 측정하는 지표이다. 지지도는 규칙이 얼마나 중요한가를 판단하는 기준이라고 볼 수 있다.

$$\frac{\text{항목 A와 B를 동시에 포함하는 거래 개수}}{\text{전체 거래 개수}}$$

2) confidence(신뢰도): 항목 A가 구매되었을 때 항목 B가 추가로 구매될 확률, 즉 조건부 확률이다. 신뢰도는 규칙을 얼마나 믿을 수 있는가를 나타내는 기준이 된다.

$$\frac{\text{항목 A와 B를 동시에 포함하는 거래 개수}}{\text{항목 A를 동시에 포함하는 거래 개수}}$$

이 지지도와 신뢰도는 확률 값이므로 1에 가까울수록 연관 관계가 크고 0에 가까울수록 연관 관계가 작다고 할 수 있다. 지지도의 경우 얼마나 자주 발생하였는가를 판단하는 기준이므로, 지지도가 높은 규칙은 보다 효용성이 높다고 볼 수 있으며 규칙 탐사에 있어서의 '필요 조건'이라고 생각할 수 있다. 또한, 신뢰도는 특정 거래상에서 포함된 항목의 발생 빈도이므로, 동일한 지지도를 가진 특정 규칙들 중에서 더 높은 신뢰도를 가지는 규칙이 더 정확한 규칙이라고 볼 수 있으며 일종의 '충분 조건'이라고 볼 수 있다.

1장에서 기술했던 장바구니 트랜잭션(표 1)을 다시 떠올려 보자. 이들 트랜잭션에서 발견된 연관규칙들 중 { 우유, 기저귀 } → { 맥주 }라는 규칙을 예로 들어 보자.

트랜잭션이 5개이므로 전체 거래 횟수는 5이며, 이 중 '우유'와 '기저귀', '맥주'가 동시에 발생한 트랜잭션은 2개이다. 따라서 이 규칙의 지지도는 2 / 5 = 0.4가 된다. 한편, '우유'와 '기저귀'라는 2개의 항목이 동시에 발생한 트랜잭션은 3개이므로, 이 규칙의 신뢰도는 2 / 3 = 0.667이다.

이를 각각 수식으로 표현해 보면 연관규칙 { 우유, 기저귀 } → { 맥주 }의 지지도 s 및 신뢰도 c는 다음과 같다(σ는 발생 빈도 수를 의미한다).

연관규칙 및 빈발 항목집합 분석

$$s = \frac{\sigma(우유, 기저귀, 맥주)}{|\,T\,|} = \frac{2}{5} = 0.4$$

$$c = \frac{\sigma(우유, 기저귀, 맥주)}{\sigma(우유, 기저귀)} = \frac{2}{3} = 0.67$$

3) lift(향상도): 항목 A가 없을 때의 항목 B의 확률 대비, 항목 A가 있을 때의 항목 B의 확률의 증가 비율이다. 다시 말해, 항목 B를 항목 A와 함께 구매한 경우와 항목 B 자체만 구매한 경우의 비율이다.

$$\frac{항목\ A와\ B를\ 동시에\ 포함하는\ 거래\ 비율}{항목\ A를\ 포함하는\ 거래\ 비율 \times 항목\ B를\ 포함하는\ 거래\ 비율}$$

전체 트랜잭션 (즉, 전체 거래 내역) 중에서 { 맥주 }를 구매한 비율보다 { 우유, 기저귀 }를 구매한 내역에 포함된 { 맥주 }의 구매 비율이 더 크다면 맥주는 다른 항목들보다는 우유, 기저귀 구입과 더욱 밀접한 관계가 있다고 판단할 수 있다. 이러한 발상으로부터 연관규칙 A → B의 의미를 보다 더 '높은 상관 관계를 가진' 것들 만으로 추려 내기 위한 지표가 바로 향상도이다.

표 14에 표현되어 있듯이 항목 A와 B가 나타내는 연관규칙이 아무리 높은 지지도와 신뢰도를 나타내더라도 향상도가 1에 가까울수록 두 항목 간에는 상관 관계가 적어진다.

향상도가 1이라는 것은, 우유와 기저귀를 사면서 맥주를 구매하는 비율과 우유와 기저귀를 사지 않으면서 맥주를 구매하는 비율이 동일하다는 것이다. 즉, 향상도가 1이라면 맥주의 구매는 우유와 기저귀의 구매와 관련성이 없다. 또한, 향상도가 1보다 크면 항목 A와 B가 양(+)의 상관 관계, 향상도가 1보다 작으면 음(−)의 상관 관계를 나타낸다고 볼 수 있다.

표 14 향상도의 값과 의미

향상도	의미
lift = 1	독립관계: 두 항목이 서로 독립적 관계 연관성이 없다.
lift > 1	긍정관계: 두 항목이 서로 양의 상관관계 연관성이 높다
0 < lift < 1	부정관계: 두 항목이 서로 음의 상관관계 A를 구매하면 B를 구매하지 않는다.

따라서 어떠한 연관규칙이 정말 연관성이 있는지를 판단할 수 있으려면 향상도의 값이 1보다 큰 수치로 나타나야 한다.

연관규칙 탐사 기법

"연관규칙을 탐사한다"는 것은 데이터로부터 연관규칙을 생성하고 생성된 규칙들의 지지도, 신뢰도, 향상도를 검사하여 의미 있는 규칙들을 간추려 낸다는 의미이다. 지지도, 신뢰도, 향상도의 의미는 3.2에서 설명한 바 있으므로, 이 절에서는 연관규칙을 생성하는 과정에 대해 소개하도록 한다.

1) 빈발 항목집합 생성

연관규칙을 생성하려면 먼저 빈발 항목집합 생성이 이루어져야 한다. 찾아낸 빈발 항목집합들을 이용하여 화살표(→)의 좌측과 우측의 항목을 배치하기 때문이다. 처음에 1장에서 예로 들었던 데이터를 다시 떠올려 보자.

이 데이터로부터 빈발 항목집합을 찾기 위해서, 우선 얼마나 많이 발생한 것을 "빈발하다"고 간주할 것인지 결정해야 한다. 즉, 적어도 이 수치보다는 자주 발생하였을 때 빈발하다고 판단하겠다는 것으로, 이를 최소 지지도(minimum support)

표 15 연관규칙 탐사 대상 트랜잭션 데이터

트랜잭션 ID	발생 항목들 (구입한 품목들)
1	식빵, 우유
2	식빵, 기저귀, 맥주, 계란
3	우유, 맥주, 기저귀, 스낵
4	식빵, 우유, 기저귀, 맥주
5	식빵, 우유, 스낵, 기저귀

라고 한다. 이 최소 지지도 값은 0과 1(100%) 사이의 확률 값으로, 예를 들어 최소 지지도가 0.9(90%)라는 것은 트랜잭션 데이터에서 발생한 수많은 항목과 항목집합들 중 90% 이상의 확률로 발생한 것들만 빈발한 것으로 간주하겠다는 의미이다.

이 최소 지지도 값은 대개 분석을 수행하는 사용자가 직접 선택하며, 데이터의 용량이나 도메인의 특성 등에 따라 경험적으로 결정하므로 이때 결정된 특정 수치가 정답이라는 근거는 없다. 처음에 특정한 값으로 최소 지지도를 선택하여 분석을 해 보고, 결과가 신통치 않으면 최소 지지도 값을 변경하여 재분석을 하는 것이 통상적이다.

표 15의 데이터에 대해서 우리는 최소 지지도를 0.5, 즉 50%로 결정하여 빈발 항목집합을 찾아 보도록 한다.

우선 데이터에서 50% 미만의 지지도를 가지는 항목들을 모두 제거한다. 트랜잭션이 5개이므로 50% 미만의 지지도가 되려면 2.5회 미만으로 출현해야 한다. 따라서 트랜잭션 2번

표 16 길이가 1인 빈발 항목집합

항목	빈도 수 (지지도)
식빵	4 (80%)
우유	4 (80%)
기저귀	4 (80%)
맥주	3 (60%)

에서 단 한 번 구매가 발생한 계란과 트랜잭션 3번과 5번에서 2회 구매된 스낵은 제거된다. 남은 항목들은 표 16과 같다. 이를 살펴보면 현재 길이가 1인 단일 항목들 중에서 빈발한 것들이 남아 있다는 것을 알 수 있다.

이제 표 16의 항목들로부터 만들어 질 수 있는 길이가 2인 항목집합들을 생각해 보자.

식빵, 우유, 기저귀, 맥주 항목들이 조합하여 생성할 수 있는 길이 2 짜리 항목집합은 다음과 같이 총 6개가 있다(4개의 항목들 중 2개를 중복 없이 선택하는 경우의 수, 즉 조합 $_4C_2$에 해당한다).

```
{ 식빵, 우유 },
{ 식빵, 기저귀 },
{ 식빵, 맥주 },
{ 우유, 기저귀 },
{ 우유, 맥주 },
{ 기저귀, 맥주 }
```

표 17 길이가 2인 빈발 항목집합

항목	빈도 수 (지지도)
식빵, 우유	3 (60%)
식빵, 기저귀	3 (60%)
우유, 기저귀	3 (60%)
기저귀, 맥주	3 (60%)

이들 중 50% 미만의 지지도를 가진 항목집합을 제거한다. 표 16에서 길이 1인 항목들을 제거하는 것과 동일한 과정이며, 살아 남은 길이 1 짜리 항목들로 구성되는 길이 2 짜리 항목집합을 대상으로 한다는 것만 차이점이 있다. 50% 미만의 지지도를 가진 항목집합을 제거하고 남은 나머지는 표 17과 같이 길이가 2이면서(즉, 2개의 항목으로 구성되면서) 최소 지지도 이상으로 발생한 항목집합이 된다.

6개의 항목집합들 중 { 식빵, 맥주 }와 { 우유, 맥주 }는 각각 2회씩 발생하였기 때문에 빈도 수의 비율(40%)이 최소 지지도(50%)를 넘지 못하여 제거되었다.

여기까지 잘 따라 왔다면 이후 과정도 쉽게 이해할 수 있다. 표 17에서 찾아낸 길이 2짜리 빈발 항목집합들로부터 길이가 3인 항목집합을 생성해 본다. 그러면 아래와 같은 4종류의 항목집합들이 가능하다(4개의 항목에서 3개를 중복 없이 고르는 경우의 수, 즉 조합 $_4C_3$이다).

```
{ 식빵, 우유, 기저귀 },
{ 식빵, 우유, 맥주 },
{ 식빵, 기저귀, 맥주 },
{ 우유, 기저귀, 맥주 }
```

이들 중에서 마찬가지로 50% 미만의 지지도를 가진 항목집합을 제거하고 남은 길이 3 짜리 항목집합을 구해 본다. { 식빵, 우유, 기저귀 }의 경우 트랜잭션 4번과 5번에서 2회 출현하였고, { 식빵, 우유, 맥주 }는 트랜잭션 4번에서만 한 번 나왔다. { 식빵, 기저귀, 맥주 }는 트랜잭션 2번과 4번에서 2회 출현, { 우유, 기저귀, 맥주 }는 트랜잭션 3번과 4번에서 2회 출현하였다. 지지도를 계산해 보니 길이가 3인 항목집합들은 모두 최소 지지도 50%를 넘지 못했다. 따라서 길이가 3인 항목집합 중 빈발 항목집합은 존재하지 않는다.

이런 식으로 더 이상 판단 대상이 되는 항목집합들의 길이를 늘려 가면서 빈발한 경우를 찾지 못 할 때까지 수행하고 나면 그 때까지 찾은 빈발 항목집합이 바로 결과가 된다. 우리의 예제에서는 표 16과 표 17에서 찾는 8개의 항목집합들이 빈발 항목집합 결과이다.

2) 연관규칙 생성

지금까지 찾아낸 빈발 항목집합들을 다시 한 번 확인해 보자. { 식빵 }, { 우유 }, { 기저귀 }, { 맥주 }, { 식빵, 우유 }, { 식빵, 기저귀 }, { 우유, 기저귀 }, { 기저귀, 맥주 }의 8개의 결과가 확인된다. 이제 이들로부터 규칙을 추출할 차례이다.

빈발 항목집합을 찾을 때와 마찬가지로 규칙에 나타나는 좌측과 우측의 항목들이 얼마나 높은 연관성이 있는지, 즉 "신뢰할 만하다"고 간주할 것인지 결정해야 한다. 이때 사용되는 지표를 최소 신뢰도(minimum confidence)라고 한다. 최소 지지도와 마찬가지로 최소 신뢰도 역시 0과 1(100%) 사이의 확률 값으로 결정된다. 이 예제에서는 최소 신뢰도를 0.5, 즉 50%라고 가정하기로 한다.

연관규칙은 "좌측의 항목(들)이 발생하였을 때 우측의 항목(들)도 발생하였다"는 표현이다. 따라서 단일 항목, 즉 길이가 1인 항목 그 자체는 연관규칙에 사용될 필요가 없으며, 길이가 2인 빈발 항목집합 4개를 가지고 규칙을 생성하면 된다.

대상이 되는 빈발 항목집합 각각에 대해서 이 빈발 항목집합의 부분집합(subset)들을 찾으며, 이때 부분집합에서 공집합은 제외된다. 빈발 항목집합을 F라고 하고 F의 각각의 부분집합을 S라고 표기했을 때, 만약 F의 지지도에 대한 S의 비율이 우리가 결정한 최소 신뢰도 이상이면 S → (F − S)의 형태를 가지는 규칙을 추출하게 된다.

연관규칙 및 빈발 항목집합 분석

예제에서 구한 4개의 빈발 항목집합들 중 { 기저귀, 맥주 }를 통해 과정을 살펴 보자. 이 빈발 항목집합의 공집합이 아닌 부분집합은 { 기저귀 }와 { 맥주 }가 있다. 이 2개의 부분집합에 대해서 신뢰도 계산을 수행한다.

❶ **부분집합 { 기저귀 }에 대해서**

{ 기저귀 }의 발생 빈도 수는 4이고, { 기저귀, 맥주 }의 발생 빈도 수는 3이기 때문에, { 기저귀 }의 지지도에 대한 { 기저귀, 맥주 }의 비율을 계산해 보면 75%가 된다. 이 수치는 최소 신뢰도 50%를 넘는 것이며, 따라서 { 기저귀 }를 기반으로 한 { 기저귀, 맥주 } 항목집합은 연관성이 있는 것으로 간주할 수 있다. 이때 { 기저귀 }를 기반으로 하였으므로 이 연관성을 { 기저귀 } → { 맥주 }라고 표현하며 이 연관규칙의 신뢰도는 75%가 된다.

❷ **부분집합 { 맥주 }에 대해서**

{ 맥주 }의 발생 빈도 수는 3이고, { 기저귀, 맥주 }의 발생 빈도 수는 3이기 때문에, { 맥주 }의 지지도에 대한 { 기저귀, 맥주 }의 비율은 100%이다. 즉, 맥주를 구입했다면 무조건 기저귀를 같이 구매한 것이다. 이때 { 맥주 }를 기반으로 하였기 때문에 이 연관성을 { 맥주 } → { 기저귀 }로 표현하고 이 연관규칙의 신뢰도는 100%가 된다.

표 18 { 기저귀, 맥주 }에서 생성되는 연관규칙

연관규칙	신뢰도	의미
{ 기저귀 } → { 맥주 }	75%	기저귀를 구매할 때 75% 확률로 맥주를 구매한다.
{ 맥주 } → { 기저귀 }	100%	맥주를 구매할 때 100% 확률로 기저귀를 구매한다.

이어서 4장에서는 지금까지 소개한 연관규칙 탐사 과정을 R을 이용하여 실습해 본다.

연관규칙 및 빈발 항목집합 분석

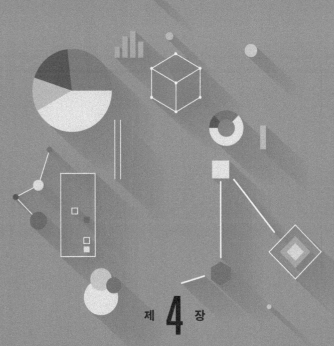

제 **4** 장

R을 이용한 연관규칙 및
빈발 항목집합 탐사 실습

데이터수집

이 장에서는 R사의 온라인 제품 판매 데이터를 이용하여 연관규칙 탐사를 기반으로 하는 분석을 실습해 보기로 한다. 데이터의 형식은 다음과 같다.

4.1.1 Raw Data

타임스탬프	상품코드
1263551603	uni_00006
1263829867	uni_00007
1263966765	uni_00012
...	...

타임스탬프	상품코드	수량
1263551603	uni_00006	1
1263829867	uni_00007	1
1263966765	uni_00012	1
...	...	...

타임스탬프	상품코드	수량	상품그룹
1263551603	uni_00006	1	GD07
1263829867	uni_00007	1	GD07
1263966765	uni_00012	1	GD07
...	...	...	...

위 데이터는 시계열 순서로 유저들이 구입한 상품, 상품이 속한 상위 그룹, 수량 등의 정보를 포함하고 있다. 타임스탬프는 유닉스 상에서의 시간을 나타내며, 예를 들어 1263551603는 윈도우 상에서는 2010년 1월 15일 10:33:23(GMT)와 같다.

4.1.2 Transaction Data

타임스탬프	트랜잭션
1265661260	uni_00006|uni_00006|uni_00006|uni_00006|uni_00006
1265661590	uni_00006|uni_00006
1265661887	bsn_00002
...	...

위 데이터는 시계열 순서로 유저가 한 번에 구입한 아이템들의 정보를 포함하고 있다. 유닉스 상에서 타임스탬프 1265661260 시점에 kimcih라는 유저가 uni_00006 제품 4개를 구입하였다는 의미이다.

데이터 전처리

1) 연관규칙("arules") 패키지를 설치 및 호출한다.

```
> install.packages("arules")
> library(arules)
```

"arules" 패키지는 트랜잭션 데이터를 분석 및 처리하는 함수를 제공한다. 기본적으로 빈발 항목집합(frequent itemsets), 연관규칙(association rules)을 제공한다. 이 절에서는 연관규칙의 apriori 알고리즘을 이용하여 주어진 데이터의 연관규칙을 분석하도록 한다.

2) 주어진 데이터 파일(data.txt)을 R 작업 환경으로 불러온다. 아래 데이터는 2012년도 데이터로 데이터셋을 축소하여 진행하였다.

```
> order <-read.table("order_log_3(2012).txt",
  ➥header=TRUE,sep="\t")
library(arules)
```

즉, data.txt 파일에 컬럼 정보가 있고 탭으로 구분되어 있
다고 명시한 후, order라는 변수에 데이터 값을 넣어준다. 변
수의 내용은 아래 그림 7과 같다.

	timestamp	user	product
1	1325376375	edoke1	bsn_00002
2	1325376375	edoke1	stx_00001
3	1325376792	phs19mst	bsn_00002
4	1325376792	phs19mst	uni_00020
5	1325376792	phs19mst	uni_00027
6	1325376827	choir1989	bsn_00002
7	1325376827	choir1989	bsn_00002
8	1325377101	raven855	bsn_00002
9	1325377101	raven855	sn_00013
10	1325378153	shkim0722	usp_00001
11	1325378153	shkim0722	usp_00007
12	1325379002	alsgns622	bsn_00002
13	1325379145	hoon0218	bsn_00007
14	1325379145	hoon0218	bsn_00018
15	1325379145	hoon0218	iam_00001
16	1325379145	hoon0218	va_00033
17	1325379394	yukhyung	cyto_00007

order × — 348,278 observations of 3 variables

그림 7   데이터 파일

3) 트랜잭션화하기 위해서 동일한 타임스탬프에 대하여 상품을 그룹화한다.

```
> list<-split(order$product, order$timestamp)
library(arules)
```

╋함수 설명

```
split(x, f)
```

x: 그룹으로 나눌 값을 가지고 있는 벡터 또는 데이터 프레임
f: 그룹핑을 결정할 인자

split함수는 product 컬럼을 동일한 timestamp 컬럼에 대하여 그룹으로 묶어준다. order$product와 order$timestamp는 위에서 읽어온 데이터 테이블의 특정 컬럼(product, time-stamp)을 의미한다.

4) 생성된 리스트 내에서 중복되는 값을 제거한다.

```
> listData<-list()  // listData를 리스트 타입으로 지정
> for(i in 1:length(list)) {
listData[[i]]<-as.character(list[[i]]
    [!duplicated(list[[i]])])
}
```

① for문
② length(x)
③ as.character(x)
④ duplicated(x)

① for문

for(루프변수 in 리스트) {{반복할 식} ⋯ }

리스트 안의 각 요소를 차례로 루프변수에 대입하여 식을 반복하여 실행한다.

② length(x)

벡터, 리스트 등의 오브젝트의 길이를 반환한다.

③ as.character(x)

오브젝트를 "character" 타입으로 반환한다.

참고) as.numeric(x): 오브젝트를 "numeric" 타입으로 반환한다.

④ duplicated(x)

벡터 또는 데이터 프레임 내의 중복되는 요소들을 구별하여 반환한다.

```
> listData<-list()
> x<-c(1,1,2,2,3)
> duplicated(x)
[1] FALSE  TRUE FALSE  TRUE FALSE
```

```
> x<-c(1,1,2,3,2)
> duplicated(x)
[1] FALSE  TRUE FALSE FALSE  TRUE
```

x에 숫자 집합 (1, 1, 2, 2, 3)을 할당하였다. 중복되는 값일 경우 TRUE, 아닐 경우 FALSE를 반환한다.

연관규칙 및 빈발 항목집합 분석

중복되는 값 제거가 필요한 이유는 1개의 트랜잭션은 유일한 항목들로 구성되어야 하기 때문이다. 해당 명령어를 실행하면 그림과 같이 중복된 값을 제거할 수 있다.

5) 리스트 값을 트랜잭션화한다.

```
> tr <-as(listData, "transactions")
library(arules)
```

as함수를 이용하여 중복된 값이 제거된 데이터 셋을 트랜잭션화하여 변수에 할당한다. 위 명령어의 경우 데이터를 트랜잭션화하여 tr이라는 변수에 저장하였다.

```
Global Environment▾                                    🔍
listData           Large list (195542 elements, 29.7 Mb)
: chr [1:2] "bsn_00002" "stx_00001"
: chr [1:3] "bsn_00002" "uni_00020" "uni_00027"
: chr "bsn_00002"
: chr [1:2] "bsn_00002" "sn_00013"
: chr [1:2] "usp_00001" "usp_00007"
: chr "bsn_00002"
: chr [1:4] "bsn_00007" "bsn_00018 " "iam_00001" "va_00033"
: chr "cyto_00007"
: chr [1:2] "cyto_00009" "va_00016"
: chr [1:4] "cyto_00009" "qua_00002" "nat_00001" "mhp_00004"
: chr "cyto_00007"
: chr "cyto_00009"
: chr [1:2] "va_00003" "vpx_00001"
: chr "bsn_00021"
```

그림 8   중복 값 제거 과정

6) 연관규칙을 적용하여 규칙을 생성한 후 규칙을 조회한다.

```
> rules<-apriori(tr, parameter
  ➡=list(support=0.0001, confidence=0.1))
> inspect(rules)
```

7) 생성된 규칙 중 lift 수치가 1인 경우는 제외하고 정렬한다.

```
> rules.sorted <- sort(subset(rules,
  ➡lift!=1.0),by="lift")
> inspect(rules.sorted)
```

+함수 설명

① subset(x, subset, …)
② sort(x, …)
③ inspect

① **subset(x, subset, …)**
데이터 프레임 또는 벡터 x에서 조건을 만족하는 subset 데이터를 리턴한다.

② **sort(x, by, …)**
벡터 또는 인자(factor) x를 지정한 컬럼에 대하여 정렬한다.

③ **inspect(x)**
오브젝트 x의 내용을 프린트한다.

연관규칙 및 빈발 항목집합 분석

```
> inspect(rules.sorted)
   lhs            rhs            support       confidence    lift
1  {cen_00009} => {cen_00010} 0.001406347 0.577731092 157.5602417
2  {cen_00010} => {cen_00009} 0.001406347 0.383542538 157.5602417
3  {cen_00002} => {cen_00001} 0.001477943 0.331802526  36.4092758
4  {cen_00001} => {cen_00002} 0.001477943 0.162177329  36.4092758
5  {bsn_00003} => {bsn_00021} 0.001748985 0.185064935   6.7653706
6  {bsn_00021} => {bsn_00003} 0.001748985 0.063937185   6.7653706
7  {mp_00001}  => {mp_00002}  0.001569995 0.112207602   6.2350949
8  {mp_00002}  => {mp_00001}  0.001569995 0.087240693   6.2350949
9  {cyto_00025} => {cyto_00019} 0.001232472 0.071154414   5.2091638
10 {cyto_00019} => {cyto_00025} 0.001232472 0.090228379   5.2091638
11 {mhp_00001} => {sv_00002}  0.001130192 0.081041437   5.1334645
12 {sv_00002}  => {mhp_00001} 0.001130192 0.071590541   5.1334645
13 {uni_00041} => {mhp_00001} 0.001227358 0.052782054   3.7847849
14 {mhp_00001} => {uni_00041} 0.001227358 0.088008801   3.7847849
15 {BB_00002}  => {BB_00001}  0.001089280 0.066417212   2.6922377
16 {BB_00001}  => {BB_00002}  0.001089280 0.044154229   2.6922377
17 {cyto_00025} => {cyto_00009} 0.003896861 0.224977857   1.5703798
18 {cyto_00009} => {cyto_00025} 0.003896861 0.027200685   1.5703798
19 {cyto_00026} => {cyto_00009} 0.002378006 0.220066257   1.5360961
20 {cyto_00009} => {cyto_00026} 0.002378006 0.016598843   1.5360961
```

그림 9   향상도 순서로 정렬한 연관규칙

★ 데이터를 트랜잭션 타입으로 읽는 방법

위의 방식 외에도 데이터 자체를 트랜잭션화하여 읽어 들이는 방법도 있다. rm.duplicates 파라미터를 이용하여 중복되는 상품코드를 제거하여 트랜잭션화 할 수 있다.

read.transactions의 기본형은 다음과 같다.

```
> read.transactions(file, format = c("basket",
    "single"), sep = NULL, cols = NULL,
rm.duplicates = FALSE, encoding = "unknown")
```

1) file: 파일의 위치를 포함한 파일명을 써준다. R의 작업 환경에 파일을 두었을 때에는 파일명만 적어도 된다.

2) format: "basket"과 "single" 중 하나로 포맷을 지정할 수 있다.

3) sep: 데이터를 구분하는 구분자를 지정할 수 있다. 앞에서 포맷을 "basket"으로 지정하였을 경우, 정규 표현식을 이용하여 지정할 수 있다. 포맷이 "single"일 경우에는 반드시 단일 문자여야 한다. 기본값은 공백(blank space)으로 되어 있다. 해당 속성의 경우 데이터의 특성에 적합하도록 지정해주면 된다. 위의 예제에서는 구분자가 "₩t"이기 때문에 파라미터를 지정해주지 않았다.

4) cols

- **"single" 포맷**

  cols의 값은 트랜잭션 ID와 함께 컬럼의 인덱스 번호 또는 컬럼 이름이어야 한다. 만약에 컬럼의 이름으로 지정해주었을 경우, 원본 데이터의 첫 번째 행에 컬럼 이름이 명시되어야 한다.

- **"basket" 포맷**

  트랜잭션 ID와 함께 컬럼의 인덱스 번호를 지정해주어야 한다. cols=NULL일 경우 데이터에 트랜잭션 ID가 없음을 의미한다.

5) rm.duplicates: 트랜잭션 내에 중복되는 아이템 값의 제거 여부를 지정할 수 있다. TRUE인 경우 중복되는 값을 제거하며 FALSE인 경우에는 제거하지 않는다. 기본값은 FALSE로 되어 있다.

연관규칙 및 빈발 항목집합 분석

6) encoding: 읽어 들인 데이터의 인코딩 타입을 지정할 수 있다.

> 💬 예시 1 **"basket" 포맷**

```
data <- paste("item1,item2","item1","item2,it
   ➡em3", sep="\n")
write(data, file = "demo_basket")
tr <- read.transactions("demo_basket", format =
   ➡"basket", sep=",")
```

 data라는 변수에 총 3개의 행을 생성하여 demo_basket 파일을 만들었다. 해당 파일을 다시 트랜잭션 오브젝트로 바꾸어서 읽어 들인다.

> 💬 예시 2 **"single" 포맷**

```
data <- paste("trans1 item1", "trans2
   ➡item1","trans2 item2", sep ="\n")
write(data, file = "demo_single")
tr <- read.transactions("demo_single", format =
   ➡"single", cols = c(1,2))
```

 data라는 변수에 총 3개의 행을 생성하여 demo_single 파일을 만들었다. 위의 예시 1과 다른 점이 있다면 트랜잭션 ID 값이 존재한다는 것이다. c(1,2)는 첫 번째 컬럼(트랜잭션 ID)과 두 번째 컬럼(단일 아이템)을 선택한다는 의미이다.

읽어 올 데이터의 형식은 다음과 같다.

상품코드1	상품코드2	상품코드3	상품코드4
uni_00006	uni_00006	uni_00006	uni_00006
bsn_00002	uni_00006		
gas_00004	gas_00004	uni_00008	
...	...	...	...

```
> tr=read.transactions("transaction.txt",
  ➥format="basket",rm.duplicates=TRUE)
```

위의 명령어를 실행하면 트랜잭션으로 변환된 데이터 셋을 얻을 수 있다.

★ 연관규칙을 시각화하는 방법

1) 연관규칙 시각화 패키지 arulesViz를 설치 및 호출한다.

```
> install.packages("arulesViz")
> library(arulesViz)
```

2) 생성된 규칙들을 산점도 형식으로 그린다(scatter plot).

```
> plot(rules)                        //산점도 그리기
> plot(rules, method='grouped')      //원 그래프 그리기
```

연관규칙 및 빈발 항목집합 분석

산점도 형식에서 색상의 진하기는 향상도를 의미하며, 원 그래프에서의 원의 크기는 각 규칙의 지지도를 나타낸다. 그림 10에서 산점도와 원 그래프의 결과 화면을 확인할 수 있다.

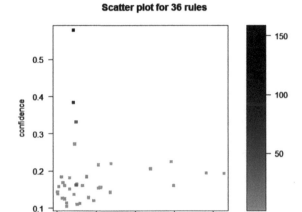

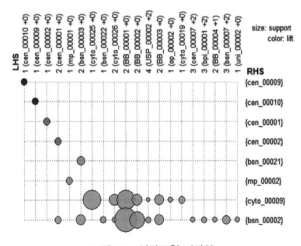

그림 10   연관규칙 시각화

4.3
연관규칙 탐사 수행

연관규칙 탐사를 수행하기 위해서 아래와 같이 변수의 값을 지정해 주어야 한다. 각각의 변수에 대한 자세한 설명은 3장에서 다루었다. 수행 결과의 분석을 통해서 의미 있는 연관규칙 집합이 일정 수 이상 생성되지 않는다면 해당 파라미터들을 조정하여 재구동해 볼 필요가 있다. 통상적으로 support 파라미터는 0.0001~0.001 정도의 아주 작은 값에서 시험적으로 결정하여 수행해 본 뒤, 결과 집합이 너무 많이 발생하면 값을 증가시켜서 조절하는 경향이 있다. 아래의 수행 결과는 4.5에서 소개한다.

```
> rules<-apriori(tr, parameter
  ➥=list(support=0.0001, confidence=0.1))
```

연관규칙 및 빈발 항목집합 분석

빈발 항목집합 탐사 수행

★ R을 이용한 빈발 항목집합 탐사

이 절에서는 빈발 항목집합 탐사 수행을 실습한다. 실습 데이터는 4.2에서 전처리한 데이터를 이용한다.

```
> fsets <- eclat(tr, parameter = list(support =
  ➡0.001, minlen=2))
> fsets.5 <- sort(fsets, by="support")[1:5] //상위
  ➡5개 패턴만 보기
```

╋함수 설명

① eclat(data, parameter = NULL, control = NULL)

트랜잭션 데이터를 입력 받아서 빈발하는 항목집합을 찾는다.
파라미터 값으로는 최소 지지도(support), 항목집합의 최소 길이
(minlen), 항목집합의 최대 길이(maxlen)를 지정할 수 있다.

```
> inspect(fsets.5)
  items              support
1 {bsn_00002,
   cyto_00009}  0.006842520
2 {bsn_00002,
   bsn_00021}   0.005277639
3 {BB_00001,
   bsn_00002}   0.004802037
4 {BB_00001,
   cyto_00009}  0.003973571
5 {cyto_00009,
   cyto_00025}  0.003896861
```

(a) 최소길이 2인 경우

```
> inspect(fsets.5)
  items            support
1 {bsn_00002}  0.21826513
2 {cyto_00009} 0.14326334
3 {cyto_00001} 0.06110196
4 {cyto_00007} 0.04653732
5 {gas_00019}  0.03652924
```

(b) 최소길이 1인 경우

그림 11   최소길이 2인 경우와 최소길이 1인 경우

★ R을 이용한 폐쇄 항목집합(closed itemsets) 및 최대 항목집합(maximal itemsets)

```
//위 eclat 함수를 이용하여 나온 빈발 항목집합 결과 fsets
➡를 파라미터로 지정
> is.closed(fsets)
> is.maximal(fsets)
```

연관규칙 및 빈발 항목집합 분석

+함수 설명

① is.closed(x)

② is.maximal(x)

① 폐쇄 항목집합을 찾는다. 대상 항목집합이 폐쇄인 경우 TRUE를, 폐쇄가 아닌 경우에는 FALSE를 리턴한다.

폐쇄 항목집합: 어떠한 항목집합 X가 빈발하며, X를 포함하는 포함집합(superset) 중에서 X와 같은 지지도를 가지는 포함집합이 존재하지 않으면 항목집합 X는 폐쇄 항목집합이다.

예) { 식빵, 우유 }의 지지도가 0.5이고, { 식빵, 우유, 기저귀 }와 같이 이 항목집합의 모든 포함집합의 지지도가 0.5보다 작으면 { 식빵, 우유 }는 폐쇄 항목집합이다.

② 최대 항목집합을 찾는다. 대상 항목집합이 최대인 경우 TRUE를, 최대가 아닌 경우에는 FALSE를 리턴한다.

최대 항목집합: 어떠한 항목집합 X의 어떠한 포함집합도 빈발하지 않은 경우 항목집합 X는 최대 항목집합이다.

```
> is.closed(fsets)
  [1] TRUE TRUE TRUE TRUE TRUE TRUE TRUE TRUE TRUE TRUE TRUE TRUE TRUE TRUE TRUE T
RUE TRUE
 [18] TRUE TRUE TRUE TRUE TRUE TRUE TRUE TRUE TRUE TRUE TRUE TRUE TRUE TRUE TRUE T
RUE TRUE
 [35] TRUE TRUE TRUE TRUE TRUE TRUE TRUE TRUE TRUE TRUE TRUE TRUE TRUE TRUE TRUE T
RUE TRUE
 [52] TRUE TRUE TRUE TRUE TRUE TRUE TRUE TRUE TRUE TRUE TRUE TRUE TRUE TRUE TRUE T
RUE TRUE
 [69] TRUE TRUE TRUE TRUE TRUE TRUE TRUE TRUE TRUE TRUE TRUE TRUE TRUE TRUE TRUE T
RUE TRUE
```

(a) 폐쇄 항목집합 탐사 결과 화면

```
> is.maximal(fsets)
  [1] TRUE  TRUE  TRUE  TRUE  TRUE  TRUE  TRUE  TRUE  TRUE  TRUE  TRUE  TRUE  TRU
E  TRUE
 [15] TRUE  TRUE  TRUE  TRUE  TRUE  TRUE  TRUE  TRUE  TRUE  TRUE  TRUE  TRUE  TRU
E  TRUE
 [29] TRUE  TRUE  TRUE  TRUE  TRUE  TRUE  TRUE  TRUE  TRUE  TRUE  TRUE  TRUE  TRU
E  TRUE
 [43] TRUE  TRUE  TRUE  TRUE  TRUE  TRUE  TRUE  TRUE  TRUE  TRUE  TRUE  TRUE  TRU
E  TRUE
 [57] TRUE  TRUE  TRUE  TRUE  TRUE FALSE FALSE FALSE FALSE FALSE FALSE FALSE FALS
E FALSE
```

(b) 최대 항목집합 탐사 결과 화면

그림 12 폐쇄 항목집합 및 최대 항목집합 탐사 결과

그림 12의 TRUE/FALSE는 인덱스별로 리턴 값을 나타내며, 첫 번째 인덱스의 항목집합인 { cen_00009, cen_00010 }의 경우 폐쇄 항목집합이면서 동시에 최대 항목집합이다.

빈발 항목집합과 폐쇄 및 최대 항목집합들의 관계는 그림 13에서 볼 수 있듯이 최대 항목집합이 가장 작은 크기의 집합이고, 빈발 항목집합이 가장 큰 크기의 집합이다. 일반적으로 빈발 항목집합의 탐사 결과는 대단히 방대하여 항목집합 자체의 개수가 수천 내지 수만 개 이상이 되는 경우가 상당히 흔하다. 이렇듯 결과 집합의 수가 크기 때문에 필요에 따라 폐쇄 또는 최대 항목집합을 추가로 골라내어 이들만을 분석 대상으로 삼기도 한다. 이러한 폐쇄 및 최대 항목집합 탐사를 연관시켜서 수행한 결과는 4.5에서 소개한다.

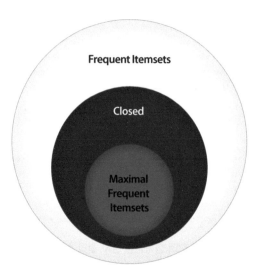

그림 13　각 항목집합들 간의 관계

　연관규칙 및 빈발 항목집합 분석

결과 분석

4.5.1 연관규칙 탐사 결과

1) minimum support = 0.05, confidence =0.1

```
> rules<-apriori(tr, parameter =list(support=0.05,
  ➥confidence=0.1))
> inspect(rules)                //생성된 규칙 보기
lhs            rhs               support confidence
  ➥lift
1 {}            => {cyto_00009} 0.143243784
  ➥0.1432438 1.0000000
2 {}            => {bsn_00002}  0.218430751
  ➥0.2184308 1.0000000
```

최소 지지도를 0.05, 최소 신뢰도를 0.1로 지정하고 수행된 연관규칙 결과이다. 상품코드가 cyto_00009와 bsn_0002인 상품을 구매한 고객들이 많다는 것을 알 수는 있으나, LHS가 비어 있어서 의미 있는 연관규칙이라고 볼 수 없고 단순히 빈발한 단일 항목을 탐사한 결과와 동일하다. 이러한 결과가 나

온 것은 최소 지지도와 최소 신뢰도 값이 지나치게 높아서 너무 많은 항목집합들이 제거되어 버렸기 때문이다. 따라서 이들 파라미터 값을 적절히 낮추어 다시 실행해야 할 필요가 있다.

2) minimum support = 0.001, confidence = 0.001

```
> rules<-apriori(tr, parameter
  ➥=list(support=0.001, confidence=0.001))
> rules.sorted <- sort(subset(rules,
  ➥lift!=1.0),by="lift")
> inspect(rules.sorted)    //생성된 규칙 보기
➥lhs            rhs              support
   confidence       lift
1  {cen_00009}  => {cen_00010}  0.001406347
  ➥0.577731092 157.5602417
2  {cen_00010}  => {cen_00009}  0.001406347
  ➥0.383542538 157.5602417
3  {cen_00002}  => {cen_00001}  0.001477943
  ➥0.331802526  36.4092758
4  {cen_00001}  => {cen_00002}  0.001477943
  ➥0.162177329  36.4092758
5  {bsn_00003}  => {bsn_00021}  0.001748985
  ➥0.185064935   6.7653706
...
```

연관규칙 및 빈발 항목집합 분석

```
> inspect(rules.sorted)
     lhs              rhs            support      confidence        lift
1   {cen_00009} => {cen_00010}  0.001406347  0.577731092  157.5602417
2   {cen_00010} => {cen_00009}  0.001406347  0.383542538  157.5602417
3   {cen_00002} => {cen_00001}  0.001477943  0.331802526   36.4092758
4   {cen_00001} => {cen_00002}  0.001477943  0.162177329   36.4092758
5   {bsn_00003} => {bsn_00021}  0.001748985  0.185064935    6.7653706
6   {bsn_00021} => {bsn_00003}  0.001748985  0.063937185    6.7653706
7   {mp_00001}  => {mp_00002}   0.001569995  0.112207602    6.2350949
8   {mp_00002}  => {mp_00001}   0.001569995  0.087240693    6.2350949
9   {cyto_00025} => {cyto_00019} 0.001232472 0.071154414    5.2091638
10  {cyto_00019} => {cyto_00025} 0.001232472 0.090228379    5.2091638
```

그림 14   실제 생성된 연관규칙

최소 지지도와 최소 신뢰도 값을 적절하게 조정하여 그림 14와 같이 의미 있는 연관규칙 집합을 찾을 수 있다. 해당 상품 코드들을 상품명에 대응시켜 보면, 각 연관규칙 별로 "어떠한 상품 A를 구매하였을 때 다른 상품 B를 같이 구매하였다"는 결과를 추론할 수 있다.

연관규칙 결과를 확인할 때 오해하지 말아야 하는 것이 규칙 내의 항목들의 관계이다. 동일한 빈발 항목집합 { A, B }로부터 발견된 규칙 A → B와 B → A는 다른 의미를 가지는 다른 규칙이다. 위의 예제의 경우 cen_00009 → cen_00010 규칙(즉, cen_00009를 구매했을 때 cen_00010을 같이 구매한 경우)의 신뢰도가 반대의 경우(cen_00010 → cen_00009)보다 높다는 것을 알 수 있다.

3) 연관 규칙의 해석 알아두기

전체 항목들의 구매 횟수 중 아래의 항목들이 많은 비중을 차지하기 때문에 구매 횟수가 적은 항목들에 대해서는 의미 있는 연관 규칙을 찾기가 쉽지 않다. 또한 아이템이 세분화되어 있을수록 공통 항목의 트랜잭션 수가 적어지기 때문에 적당한 수준의 항목을 사용해야 유용한 규칙을 얻을 수 있다.

표 19 특정 항목이 차지하는 비중

상품코드	빈도 수	비율 (%)
bsn_00002	46325	13.30
cyto_00009	28646	8.23
cyto_00001	12630	3.63
cyto_00007	9437	2.71
gas_00019	7574	2.17

신뢰도(confidence)

표 20을 보면 100명의 학생 중 60명은 야구를 하고, 75명은 축구를 한다. 40명은 야구, 축구를 모두 한다. 이때의 연관 규칙, "야구를 한다 → 축구를 한다" 규칙은 지지도 40%, 신뢰도 66.7%를 가진다.

연관규칙 및 빈발 항목집합 분석

$$(\text{지지도:}\ \frac{\text{항목 A와 B를 동시에 포함하는 거래 개수}}{\text{전체 거래 개수}},$$

$$\text{신뢰도:}\ \frac{\text{항목 A와 B를 동시에 포함하는 거래 개수}}{\text{항목 B를 포함하는 거래 개수}})$$

이 규칙은 신뢰도 수치가 매우 높기 때문에 규칙의 유효성이 높다고 판단할 수 있다. 하지만 축구를 하는 비율은 전체 75%로 규칙의 신뢰도 수치인 66.7%보다도 높다. 즉, 축구를 하는 사람의 비율이 상대적으로 높기 때문에 "야구를 한다 → 축구를 한다"는 의미 있는 규칙이라고 보기 어렵다.

오히려 "야구를 한다 → 축구를 안 한다"라는 규칙의 지지도는 20%, 신뢰도 33.3%로 지지도와 신뢰도 값이 낮아도 다소 정확한 규칙이라고 할 수 있다.

표 20

	야구하는 사람 (명)	야구 안 하는 사람 (명)	합계 (명)
축구하는 사람 (명)	40	35	75
축구 안 하는 사람 (명)	20	5	25
합계 (명)	60	40	100

4.5.2 빈발 항목집합 탐사 결과

그림 15에서 eclat 함수를 이용하여 나온 빈발 항목집합 결과 fsets과 이 결과들 중 최대 항목집합이 아닌 경우만 조회한 예제를 보였고, 그림 16에서는 이 결과를 그래프로 나타내었다. Y축 값이 1인 것은 TRUE, 0은 FALSE를 의미한다. 현재의 빈발 항목집합은 모두 폐쇄 항목집합이지만, 모두가 최대 항목집합인 것은 아니라는 것을 확인할 수 있다.

```
> inspect(fsets)
    items               support
1   {cen_00009,
     cen_00010}   0.001406347
2   {cen_00001,
     cen_00002}   0.001477943
3   {bsn_00002,
     bsn_00022}   0.001447259
4   {bsn_00002,
     uni_00028}   0.001104622
5   {bsn_00002,
     uni_00021}   0.001140420
```

(a) 빈발 항목집합 인덱스 정보

```
> inspect(fsets[!is.maximal(fsets)])
    items          support
1   {bsn_00002}   0.218265130
2   {cyto_00009}  0.143263340
3   {cyto_00001}  0.061101963
4   {cyto_00007}  0.046537317
5   {bsn_00021}   0.027354737
6   {BB_00001}    0.024669892
7   {gas_00019}   0.036529237
8   {uni_00041}   0.023253316
9   {cyto_00025}  0.017321087
10  {BB_00002}    0.016400569
```

(b) 최대 항목집합이 아닌 경우만 조회

그림 15 빈발 항목집합 인덱스 정보와 최대 항목집합이 아닌 경우만 조회

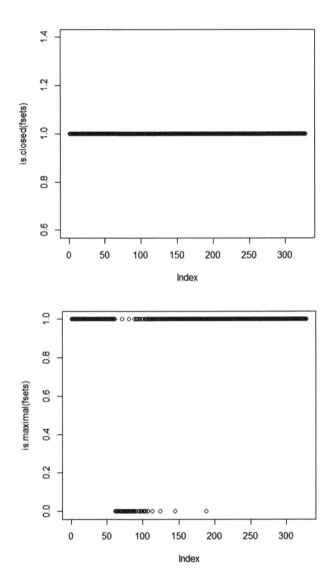

그림 16 폐쇄 항목집합(위) 및 최대 항목집합(아래)

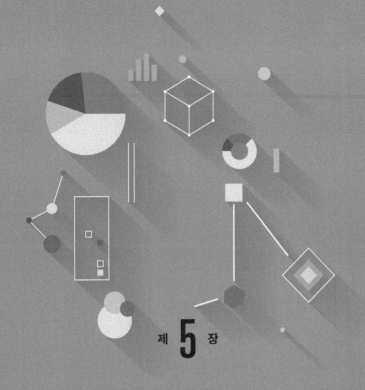

제 **5** 장

요약 및 결론

연관규칙과 빈발 항목집합 탐사는 데이터 마이닝의 묘사적(descriptive) 기법의 대표적이고 기본적인 방법으로 통한다. 근간이 되는 발상은 "자주 발생하는 항목들(즉, 자주 판매되는 제품들) 간에는 어떠한 관계가 있을까"라고 하는 아주 단순한 것이지만, 연관규칙과 빈발 항목집합 탐사를 통해 우리는 방대한 데이터로부터 숨겨져 있었던(그리고 의미가 있는) 패턴을 발견하여 다양한 방식으로 활용할 수 있다.

　　패턴을 탐사하는 과정은 대부분의 경우 상당한 시간과 컴퓨팅 자원을 소모하기 때문에 전체 데이터들 중 어떤 필드를 선택하고 어떤 튜플을 선택하여 분석 대상으로 삼을 것인가, 그리고 의미 있는 패턴으로 간주하기 위해 지지도, 신뢰도와 같이 다양한 지표들의 값을 어느 정도의 수치로 결정할 것인가 하는 점들이 탐사 과정과 결과 집합에 큰 영향을 끼치게 된다.

　　애석하게도 이러한 선택 과정에 대해 만능 열쇠와 같은 최적의 방식은 없으며, 매 분석 시마다 데이터 특성을 최대한 정확하게 파악하고 분석 목표를 고민하여 보다 의미 있는 결과

집합이 나타날 때까지 다양한 조합을 시도해 보는 것만이 정답이라고 할 수 있을 것이다.

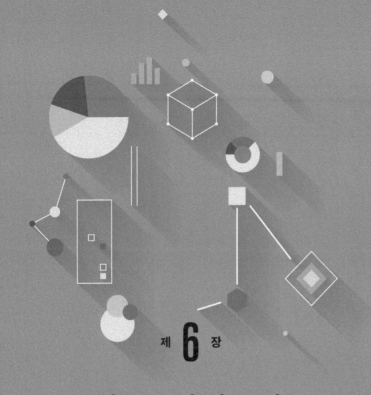

제 **6** 장

연습 문제 및 풀이

트랜잭션 내의 중복되는 데이터를
제거하는 함수를 작성하시오.

✎ 모범 답안

```
myList<-function(list){
  listData<-list()

  for(i in 1:length(list)){
  listData[[i]]<-as.character(list[[i]]
    ➥[!duplicated(list[[i]])])}

  return (listData)
}
test <- myList(list)   //함수 호출
```

＋함수 설명

```
함수명 <- function(인수 또는 입력값){
<계산 코드>
<계산 코드>
...
return (결과반환)
}
```

2. 사용자 "protein100"이 구입한 상품에 대하여 연관규칙을 찾으시오.
(최소 지지도 0.05, 신뢰도 0.1)

✎ **모범 답안**

```
order <-read.table("order_log_3(2012).txt",
    ➡header=TRUE,sep="\t")
order2 <- subset(order, order$user=="protein100")

list<-split(order2$product,order2$timestamp)

user1 <- myList(list2)  //1번 문제에서 사용한 함수 호출
tr <-as(user1, "transactions")

rules<-apriori(tr, parameter =list(support=0.05,
    ➡confidence=0.1))
rules.sorted <- sort(subset(rules, lift!=
    ➡1.0),by="lift")
inspect(rules.sorted)
```

```
> inspect(rules.sorted)
  lhs             rhs              support  confidence      lift
1 {smt_00005}  => {smt_00006}   0.05154639  1.0000000 13.857143
2 {smt_00006}  => {smt_00005}   0.05154639  0.7142857 13.857143
3 {nog_00002}  => {iss_00001}   0.05154639  0.2380952  2.099567
4 {iss_00001}  => {nog_00002}   0.05154639  0.4545455  2.099567
5 {cyto_00001} => {cyto_00010}  0.05154639  0.2000000  1.293333
6 {cyto_00010} => {cyto_00001}  0.05154639  0.3333333  1.293333
7 {}           => {cyto_00001}  0.25773196  0.2577320  1.000000
```

연관규칙 및 빈발 항목집합 분석

3. 사용자 "protein100"이 구입한 상품에 대하여 빈발패턴 규칙을 찾고, 지지도가 높은 항목집합 5개를 찾으시오.
(최소 지지도 0.05, 최소길이 1)

✎ 모범 답안

```
order <-read.table("order_log_3(2012).txt",
    ➡header=TRUE,sep="\t")
order2 <- subset(order, order$user=="protein100")

list<-split(order2$product,order2$timestamp)

user1 <- myList(list2)  //1번 문제에서 사용한 함수 호출
tr <-as(user1, "transactions")

fsets <- eclat(tr, parameter = list(support =
    ➡0.05, minlen=1))
fsets.5 <- sort(fsets, by="support")[1:5]
inspect(fsets.5)
```

```
> inspect(fsets.5)
  items          support
1 {cyto_00001}  0.2577320
2 {nog_00002}   0.2164948
3 {bsn_00002}   0.1855670
4 {bsn_00001}   0.1649485
5 {cyto_00010}  0.1546392
```

4. 문제 3번에서 발견한 빈발 항목집합으로부터 폐쇄 항목집합과 최대 항목집합을 구하시오.

```
inspect(fsets[!is.closed(fsets)])
inspect(fsets[!is.maximal(fsets)])
```

```
> inspect(fsets[!is.closed(fsets)])
  items       support
1 {smt_00005} 0.05154639
> inspect(fsets[!is.maximal(fsets)])
  items        support
1 {cyto_00001} 0.25773196
2 {iss_00001}  0.11340206
3 {cyto_00010} 0.15463918
4 {nog_00002}  0.21649485
5 {smt_00006}  0.07216495
6 {smt_00005}  0.05154639
```

5. 문제 3번에서 발견한 빈발 항목집합 결과를 그래프로 표현하시오.

```
plot(fsets)
```

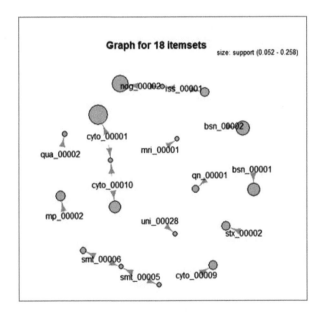

6. 다음의 새로 주어진 웹 로그 데이터를 이용하여 카테고리 코드 정보만을 얻는 전처리를 수행하시오.

timestamp	user IP	url
1409130063	1.1.1.1	http://www.mdmglobal.co/?act=shop. goods_list&GC=GE0101
1409130063	1.1.1.1	http://www.mdmglobal.co/?act=shop. goods_list&GC=GE05

timestamp	user IP	url
1409130063	1.1.1.1	GE0101
1409130063	1.1.1.1	GE05

✎ 모범 답안

1 엑셀에서 해당 컬럼을 선택한 후, 텍스트 나누기를 클릭(텍스트 마법사)

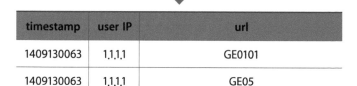

연관규칙 및 빈발 항목집합 분석

2 '구분 기호로 분리됨' 선택 – '구분기호를 "&"로 입력' – 기존 선택한 열을 없애고 싶을 경우, '열 가져오지 않음(건너뜀)' 선택

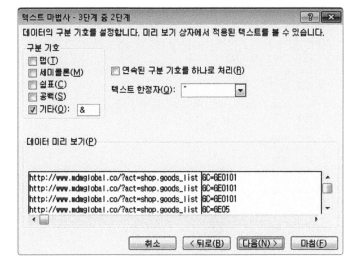

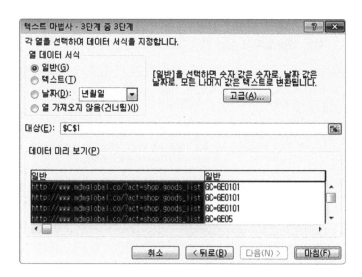

3 필터를 이용하여 불필요한 정보 제거

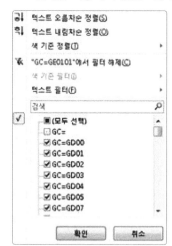

4 필터링 된 항목들을 복사하여 새로운 창에 옮긴 후, 다시 구분자 '='로 나눈다.

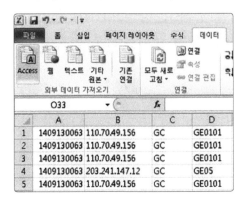

5 C 컬럼을 제거하면 카테고리 그룹의 데이터를 얻을 수 있다. 각 컬럼의 이름을 명명해준다.

7. 문제 6에서 전처리한 데이터를 이용하여 연관규칙을 구하고, 향상도(lift) 수치가 높은 상위 10개의 규칙을 구하시오.
(최소지지도 0.01, 신뢰도 0.01)

모범 답안

```
> inspect(rules.sorted)
    lhs              rhs         support    confidence   lift
1   {GE0H}    => {GE0008}  0.01560646 0.29687500 1.1679926
2   {GE0008}  => {GE0H}    0.01560646 0.06140036 1.1679926
3   {GE0008,
     GE0R}    => {GE0B}    0.01149950 0.08300395 1.1325957
4   {GE0B,
     GE0R}    => {GE0008}  0.01149950 0.27814570 1.0943061
5   {GE0004,
     GE0R}    => {GE0008}  0.01496760 0.26537217 1.0440513
6   {GE0004}  => {GE0008}  0.02801862 0.26239316 1.0323310
7   {GE0008}  => {GE0004}  0.02801862 0.11023339 1.0323310
8   {GE0G02}  => {GE0008}  0.01542393 0.26160991 1.0292495
9   {GE0008}  => {GE0G02}  0.01542393 0.06068223 1.0292495
10  {GE03}    => {GE0R}    0.01706672 0.63389831 1.0193167
```

연관규칙 및 빈발 항목집합 분석

8. 문제 7에서 구한 규칙을 아래 주어진 정보를 이용하여 해석하시오.

GD	일반상품
GE0001	벌크업 단백질
GE0004	WPI 단백질
GE02	운동 전 보조제
GE03	운동 중 보조제
GE0B	쉐이커
GE0H	다이어트
GE0G02	그외용품
GE0008	복합 단백질
GE0R	베스트셀러

✎ 모범 답안

상위 5개의 규칙을 보면 고객들은 다이어트 제품을 살 때, 복합 단백질 상품을 같이 사는 경향성을 보인다.

복합 단백질, 베스트셀러 제품을 같이 살 경우 쉐이커를 같이 사는 경향성이 있다. WPI 단백질과 베스트셀러 제품을 같이 살 경우 복합 단백질 제품을 같이 사는 경향성이 있다.

모든 규칙은 향상도가 1 이상으로 양의 상관관계를 가진다.

9. 최소 길이가 2인 빈발 항목집합을 구하고, 상위 5개 규칙을 지지도 순서로 정렬하시오.

(최소 지지도 0.04)

✎ 모범 답안

```
> fsets <- eclat(tr, parameter = list(support = 0.04, minlen=2))

> fsets.5 <- sort(fsets, by="support")[1:5]

> inspect(fsets.5)
  items        support
1 {GE0008,
   GE0R}      0.13854157
2 {GE0004,
   GE0R}      0.05640230
3 {GE02,
   GE0R}      0.04846217
4 {GE0001,
   GE0R}      0.04618052
5 {GE0B,
   GE0R}      0.04134343
```

연관규칙 및 빈발 항목집합 분석

10. 문제 8의 카테고리 정보를 이용하여 문제 9의 연관규칙 결과의 의미를 서술하시오.

모범 답안

가장 빈발한 항목집합들은 모두 베스트셀러를 포함하고 있다. 즉, 고객들이 특정 단일 제품을 구매할 때 베스트셀러 제품을 같이 구매할 확률이 매우 높다.

찾아보기

연관규칙 및 빈발 항목집합 분석

.